"十三五"中小学教师培训教材

教师教学基本能力解读与训练
中学语文

丛书主编：李 军

丛书副主编：文必勇 白雪峰 何书利 胡秋萍 刘继玲

本书主编：姚咏梅

本书副主编：陈 沛

编 著 者：（按专题前后顺序）

姚咏梅 纪文杰 汪 烨 赵 慧 王 珏

叶地凤 陈 沛 程现亮 石 焘

北京理工大学出版社

BEIJING INSTITUTE OF TECHNOLOGY PRESS

图书在版编目（CIP）数据

教师教学基本能力解读与训练 . 中学语文 / 姚咏梅主编 . —北京：北京理工大学出版社，2017.6

ISBN 978-7-5682-4100-7

Ⅰ.①教… Ⅱ.①姚… Ⅲ.①中学语文课 – 教学法 – 师资培训 – 教学参考资料　Ⅳ.① G633

中国版本图书馆 CIP 数据核字（2017）第 119758 号

出版发行 / 北京理工大学出版社有限责任公司

社　　址 / 北京市海淀区中关村南大街 5 号

邮　　编 / 100081

电　　话 /（010）68914775（总编室）

　　　　　（010）82562903（教材售后服务热线）

　　　　　（010）68948351（其他图书服务热线）

网　　址 / http：//www.bitpress.com.cn

经　　销 / 全国各地新华书店

印　　刷 / 定州市新华印刷有限公司

开　　本 / 787 毫米 × 1092 毫米　1/16

印　　张 / 12.5　　　　　　　　　　　　　　　责任编辑 / 王俊洁

字　　数 / 232 千字　　　　　　　　　　　　　文案编辑 / 王俊洁

版　　次 / 2017 年 6 月第 1 版　2017 年 6 月第 1 次印刷　　责任校对 / 周瑞红

定　　价 / 32.00 元　　　　　　　　　　　　　责任印制 / 边心超

前　言

教育大计，教师为本。习近平总书记指出：一个人遇到好老师是人生的幸运，一个学校拥有好老师是学校的光荣，一个民族源源不断涌现出一批又一批好老师则是民族的希望。可以说，有好的老师，就会有好的教育。

好老师不仅需要拥有强烈的教育情怀与高超的育人智慧，而且必定具有超强的教学能力。因为，教学能力是落实育人目标和决定教学质量的重要因素。北京市朝阳区教委始终高度重视全区教师教学能力的持续提升，早在 2009 年就出台了《朝阳区教育系统教师教学能力提升工程的意见》，旨在以教师的教学能力为抓手，促进教师队伍的专业发展，全面提高我区的教学质量和教育品质。

作为教师专业发展基地——北京教育学院朝阳分院一直致力于教师教学能力的全面发展。特别是在"十二五"期间，针对朝阳区教师教学能力现状，结合教师专业发展阶段的规律和特点，基于《北京市朝阳区教师教学基本能力检核标准》（以下简称《标准》）和《标准》解读，北京教育学院朝阳分院遴选了最为重要的 10 个能力要点，研发了中（职高）小学和一整套训练内容和方法，开发了《教师教学基本能力解读与训练》（共 23 个学科分册）学科教师培训教材。依据智慧技能的形成特点，通过"测、讲、摩、练、评"五个环节开展了基于实践、问题的教师培训，培训教师近 2 万人次。

在培训实施过程中，针对各学科教龄 10 年以下的青年教师和 10 年以上的成熟教师，遴选其中 4 ～ 6 个能力要点，分层开展学科教师培训，在培训目标、培训内容、培训形式以及考核要求等方面都做了针对性的细化处理。在《标准》解读、案例研讨、在线交流和考核测试的基础上，开展了基于能力要点的课堂教学实践与改进。不同类型的培训实践不仅检验了基于教师教学能力标准的培训课程的培训效果，同时也促进了教师教学能力的精进与提升。

基于《标准》的教师培训，突出了"培训课程标准化"的培训资源建设观。通过率先在全国研制、实践并推广系列《标准》，满足并引领了培训课程建设的品质需求，改进和完善了教师发展支持体系，推进了培训工作制度化、规范化，基本破解了分层、分类、分岗开展培训的难题，增强了教师参训的针对性、实效性和获得感，切实提升了教师培训的专业性，受到了区内外使用该培训教材教师的一致好评。

为了进一步发挥《标准》的指导作用，推进教师教学能力的持续提升，基于原有教材的开发和实施经验，每个学科结合现阶段本学科特点和教师专业发展需求，另外遴选了8～10个能力要点，开发了"十三五"中小学教师培训教材《教师教学基本能力解读与训练》（共24个学科分册）。在教材编写过程中，我们努力将《标准》揭示的一般规律、共性问题迁移融通于各学科，且通过案例凸显各学科教学能力的基本特征，还将关键的结果指标与各学科教学实践中的实际问题进行对接，以期深化教师对《标准》的理解，明确教学实践改进的方向和路径，提升自身的实践智慧。

当前，我国基础教育正处在深化综合改革的关键时期，各学科核心素养的提出，进一步明确了学科的育人价值，为学科育人提供了指南。为此，在教材开发过程中，各位编委对本学科的学科核心素养也给予了充分关注，在《标准》的解读中、案例的分析中、训练的任务中，对此都有不同程度的涉及与体现，为实现学科育人理念、发展学生的学科素养探索了具体的路径。

每一册教材的编写团队中都聚集了一批一线的骨干教师，他们边学习《标准》，边践行《标准》，并结合学科教学实践进行反思形成了鲜活的案例。可以说，他们是《标准》的首批实践者，也是培训资源的开发者，正是由于他们的深度参与，才使这套教材真正落实了"基于实践""基于问题"的价值追求，大大提高了教材的实践价值。

在教材开发的过程中，北京教育学院李晶教授等专家给予了我们一如既往的悉心指导。来自高校、教学一线的教授、特级教师作为学科专家指导团队，以他们的智慧为本套教材把关增色。借此机会，我们在此对他们付出的智慧和心力表示衷心的感谢。

由于"教师专业标准"还是一个尚待完善改进的领域，同时我们自身的水平和经验也有限，尤其是践行《标准》的有效实践还需要进一步加强，教材中必然存在着不甚妥当或值得深入探讨之处，诚挚期望得到专家和同行们的指正。

我们期待本套教材能在广大中小学教师教学能力的提升中发挥重要的作用，并在应用中不断完善。我们更期待，广大教师立足课堂教学实践，不断深度学习反思，持续提升教学能力，做学生锤炼品格、学习知识、创新思维和奉献祖国的引路人。

丛书编委：白雪峰

致学习者

学习，是人一生发展过程中的一个重要组成部分。随着个体踏出校门、进入职场学习并未停止，而是开启了一个崭新的学习征程。可以说，通过工作生活进行学习，寓工作于学习、寓学习于工作是成年人每天思想和行动的必然产物。

成人学习是基于个体经验和汇集个人经验的学习，需要学习者主动参与到课程内容中；教师的学习是懂教育的人的学习，需要学习者驾驭学习方法，达到比较高的学习境界。

依据智慧技能的形成过程，我们将学科教师培训分成"测、讲、摩、练、评"五个环节，通过完成智慧技能原型定向阶段与原型操作阶段的任务，强化各学科教师基于课堂教学研究的实践与反思，促进教师从原型定向阶段向原型内化阶段迈进。下面，我们就从上述五个环节分别为您的学习提出相应建议，以帮助您快速驾驭学习内容。

● **测——前测**。在每个专题培训的第一步，我们将和您一起找到您在该教学能力存在的问题，判断该能力所处的状态，以开始学习。这其中，有对一些教学事件的认同，有对问题的分析和判断，也有一些测试，目的就是一个：帮您找准自己学习的起点。

● **讲——讲解**。我们将基于具体的教学案例，围绕该项能力的一些表现行为进行理性分析，阐述行为产生的原因和导致的结果，阐释所表征的能力取向和能力发展层次。这些分析将使您对该项能力的含义获得更为深入的理解，对形成能力的合理行为有较高的期待。如果您实践跟进得快，边学习边实践，在这一阶段就能够获得提高。

● **摩——观摩**。在学习中会提供一些案例进行观摩，有些拿来就可以使用，但一定不要满足于拿来就用，更多的内容需要您边观摩边分析，在其背后寻找为什么，这样您获得的将不仅是一招一式，而是新的专业发展点和教育实践智慧的增长点。

● **练——训练**。方法技能的掌握和提升一定要通过训练才能实现。一方面，我们将在培训中安排模拟微型课堂进行教学技能的分解训练；另一方面，我们也有实践模拟训练。然而，训练时间是有限的，期望您从培训第一天开始，就将自己一线的课堂作为实训基地，不断尝试，不断分析尝试后的效果，不断提出改进方案，并开展新的尝试。同时，同伴老师可以帮助您进行观察和改进。

●评——评价。包括自评、互评等。训练是否有效需要进行针对性评价，发现自己的进步，明确现存的问题，清晰新的学习起点，这样才能开始新的一轮学习、反思和改进活动。当然，您会在这样的反复中获得自我提升的方法。您将学会主动的发现问题，通过自主学习过程解决问题。这一系列解决问题能力的提升才是培训的最终目的。

本教材提供的观摩案例，给您留下了很多思考的空间，也提供了很多训练方法的指导、训练内容的点拨，愿它伴随您这一段时间的学习，成为您的良师益友。

亲爱的教师朋友们，我们正处在一个学习的时代，一个"互联网＋"的时代。我们的职业又是一个特别需要终身学习的职业。让我们勇于面对新的挑战，不断基于实践提出新的学习任务，在战胜挑战后，我们还迎接更新一轮的挑战，而唯有学习才是应对各种挑战的制胜法宝。

这就是教师的职业。

目录 CONTENTS

专题一 深入理解教材内容

学习要点

1. 准确分析重点内容，清晰定位其中的难点。
2. 阐明知识之间的逻辑关系和发展脉络，挖掘知识之间的内在联系。
3. 深入挖掘单元知识在学生发展中的教育价值。

教学生涯是一道浪漫、精确、综合的生命风景。语文教师在不同的成长期，对教学内容会有不同角度的关注。在浪漫期更多关注"怎么教"，着眼于教师的教学技巧、教学艺术、教学风采，讲究的是上课如何精致、如何精彩，这在公开课、观摩课、评比课中表现得尤为突出。语文教师的课堂教学研究，也被鼓励从教学方法上着力，讲究教学过程，探求各种各样的教学模式，在精确期会在"折返"中追问"教什么"，而在综合期会进一步聚焦"文本的核心价值"，关注"什么知识更有价值"。

一、问题的提出：如何提高教师"深入理解教材内容"的能力

教师教学的核心能力由教学设计能力、教学实施能力、教学评价能力三部分组成，这其中包括十二个关键表现领域，二十八个能力要点。

教学设计能力由教学背景分析能力、教学目标制定能力、教学过程设计能力三部分组成，而教学背景分析能力这一关键表现领域主要包括三个能力要点，即：正确、深入理解教材内容、实证分析学生情况、科学确定教学内容。其中"正确理解教材内容"是教师进行教学设计和课堂教学实施的重要基础之一，基于语文学科的特点，将"正确理解教材"深化为"深入理解教材内容"，再进一步思考"如何将原始文本转化为可教学文本"，更贴近真正的语文教学需求。

研究表明，我国语文教学的问题和困难，主要出在教学内容上，而不仅仅是教学方法上。当前，面对"十三五"课程改革的进一步深化，我们教师深入理解教材的水平亟待进一步提高，本章中我们将就如何提高教师正确、深入理解教材内容的能力和大家一起进行学习、交流和实践。

现在结合几个活动，看一看我们理解教材内容的能力现状。

▶▶ **活动 1** 问题驱动、讨论交流。

作为教师，我们每天都在用教材教书育人，那么什么是教材？教材都包含哪些要素？我们手里的语文教材的组织方法和编排方式是什么？请大家根据自己的理解和经验，试着回答上述问题。

讨论： 请将自己的理解在小组内和大家分享，通过交流讨论，对上述问题的答案达成共识并填写在下面的横线上。

_____

_____

▶▶ **活动 2** 经验回顾、反思交流、共同分享。

（1）请老师们结合自身的教学经验，利用实例谈谈自己在深入理解教材内容方面的成功经验或失败教训，并反思自己在深入理解教材内容方面存在的主要问题，每个人至少写出一条。

成功经验：_____

失败教训：_____

问题反思：_____

（2）各组组长组织同组教师进行交流，选出典型教学案例，并对大家反思出的问题进行整理归纳，与全班老师进行分享。

（3）教师组织全班进行分享交流，同时作出归纳概括。

目前教师在深入理解教材中容易出现以下问题：

①不能准确理解教材的编写意图，不能确切勾画知识之间的纵向与横向联系，不能在一个知识体系或框架内解读知识。

②教师缺乏做文献的方法与习惯，缺乏对教学文本的精心研读。

③不能精准分析文本的重点和难点，缺乏对学科概念本质的深入挖掘。

④不能将原始文本转化成有效的可教学文本。

▶▶ **活动 3** 以《爸爸的花儿落了》为例，如果进行说课，在"说教材"环节，你将会涉及哪些角度？哪些内容？

_____

_____

参考内容

说教材，即说明所授课内容在全册教材或某个章节中所处的地位及依据，只有确立了该课内容的地位，才能确定教学目标，包括基础知识目标、思想教育目标和能力培养目标，确定该课内容的重难点，才能为教师在备课中对教学方案的设计、教学方法的合理选择、学生各种能力达到的层次预设等奠定基础。

说教材需要重点阐述本课题内容在整个教学体系中的地位及作用，本课题内容与前后知识之间的联系，教材内容编写意图的剖析，教材内容特点的揭示，课程标准对本课题教学内容的要求，调整或补充教学内容及调控教学进程的理由，等等。

教材是实施课堂教学最重要的依据，也是说课的基本依据。对教材的整体了解和局部把握是上好课的一个重要方面，说课质量的高低，取决于对教材分析的深入程度如何。

编者的话

教材是知识的一种载体，为教学提供了一个范例，是教师上课的重要依据之一，因此，学会处理教材是教师的一项重要基本功。

教材的编写体现了教材编写专家的一种教学思路，教师要合理使用、灵活驾驭教材，就必须透彻理解教材，这就需要一个把教材读厚，再把教材读薄的过程，即教师要用充足的时间仔细琢磨教材，吃透教材后，才可能对教材的内容进行合理取舍、整合和深化，进而拓展运用。

"语文教材内容"是语文教材具体形态层面的概念，它主要面对"用什么去教"的问题。为了老师们较好地掌握既定的课程内容，语文教材编制者提供"通常可以用什么去教的"建议。在理想的情况下，语文教材内容应该做到"课程内容教材化""教材内容教学化"：一方面，课程内容要通过运用种种资源使之具体地显现；另一方面，教材要形成可操作的教学设计，只有完成了从自然文本到可教学文本的重构，才能使学生在师生、生生的互动中走进经典的世界，建构语文核心能力与素养。

叶圣陶说过："语文只是个例子。"但于漪老师也说过："语文不仅仅是个例子。"可见这还需要好好辨析。简单地说，语文教学中有一类选文，是文学素养积淀过程中不可替代的经典作品（定篇），另有一些选文，在教学中主要是把他们当作听说读写的知识、技能、方法、策略，学习的例文或样本；还有一些选文，实际上不是让学生去"学文"，而是利用文中所涉及的内容引导学生从事与之相关的听说读写实践活动（用件）。当我们心中有了坐标，对文本有了更准确的定位，那么，对于教学的设计，就会有更为科学合理的安排。

▶▶ **活动4** 以人教版七年级（上）第一单元为例，如表1-1所示，来区别经典例文、样本、用件。

表1-1　人教版七年级（上）第一单元

篇　目	作　者	作　用
《春》	朱自清	
《济南的冬天》	老舍	
《雨的四季》	刘湛秋	
《古代诗歌四首》 1．观沧海；2．闻王昌龄左迁龙标遥有此寄； 3．次北固山下；4．天净沙·秋思	曹操　李白 王湾　马致远	

因此，在教学设计过程中，教师要有上位思考的高度，精于研究教材，善于挖掘教材，灵活运用教材，而不能被教材束缚了思维。

二、对于"深入理解教材内容"检核标准的解读

《北京市朝阳区教师教学基本能力检核标准》中"深入理解教材内容"的检核标准如表1-2所示。

表1-2　"深入理解教材内容"检核标准

能力要点	合　格	良　好	优　秀
深入理解教材内容	能够分析教材所涉及的基本内容，并梳理出单元知识结构框架	能够准确描述知识的纵向与横向联系，并能将知识置于某一个知识或能力框架内进行解读	能够深入挖掘本单元知识在学生发展中的教育价值

（一）对合格水平的教师的要求

能够分析教材所涉及的基本内容，并梳理出单元知识结构框架，也就是通过研读教材，吃准教材的编写意图，把教材内容置于其所在的单元进行解读，而不能孤立地解读知识点。

1．基本内容

标准中所提到的"基本内容"应该结合本学科课标进行界定，比如在语文课程标准中就明确指出：语文课程应培养学生热爱祖国语言文字的思想感情，指导学生正确地理解和运用祖国语言文字。丰富语言，积累语言，培养语感，发展思维，使他们具有适应实际需要的识字写字能力、阅读能力、写作能力、口语交际能力。

2．单元知识结构框架

1）单元

单元是指相对独立自成系统的单位。每一种教材都有一定的结构体系，存在着不同层

次，每门课程都分为若干单元，学科不同，每一学科的单元的范围和深度也是相对的，所以我们要根据学科特点和教学实际需要来确定。中学语文教材一般是以单元为单位编写的，每一单元知识之间相对独立，可以作为一个学习单位。但单元知识之间也存在着内在联系，有的单元之间是递进结构，有的单元之间是并列结构，这些文本之间联系紧密，在教学中又可以作为一个"大的单元"。

2）知识结构

通过对知识结构的分析，建立知识结构框架，使学生对将要学习的内容有一个整体的认识和理解。

3）帮助学生学会自我搭建框架

应用科学学习方法的目的是建立一个清晰的知识体系，对这个知识结构的了解和理解是一切学习方法应用的基础。

在学完每个单元的知识后，教师要努力引导学生把每个单元的知识结构框架勾画出来，这样做有助于帮助学生分析概念之间的关系、总结知识规律、拓宽知识层面、比较知识异同、归纳知识特征，这对于促进学生发现其中的规律及内在联系，提高学生的自主学习能力是十分有必要的。建立知识体系的方法可以分为两个阶段：

（1）可以参考已有的知识框架图，最好能联系已有学习经验建构知识图。

（2）不断完善知能结构。

建立知能网络图是为了明确学习和复习的目标，这些知识点在整个知识体系中的位置是什么，这些由点到线再到面的知识建构，有助于学生将零散的知识凝聚成系统化的知能框架。

（二）对良好水平教师的要求

能够准确描述知识之间的纵向与横向联系，并能将知识置于某一个知识或能力框架内进行解读。

1. 知识之间的纵向联系

这里所说的知识之间的纵向联系，是指知识在其系统中的逻辑关系，即知识的来龙去脉。

相当多的老师认为，"数理化等学科科学体系的一个共同特点就是具有纵向性，即它们总是具有一个由浅入深、由下而上的连贯性、递进性，好像链条似地一环套一环地向高深发展"，因此，学习这些学科可以"采取纵向切割的步骤进行"，而"语文学科的体系则是属于交叉并列型的，具有密切难分的横向性、平面性，它没有明显的一环套一环的链条（尤其是阅读和写作），因而语文学习很难采取纵向切割的办法，而只能采取螺旋式，就像数学上的渐开线，需要一个相对循环、潜滋暗长的进程"（王金华《拯救步入死胡同的语文教学》）。这种认识有一定的道理，尤其从表面看时，但如果稍稍深入一想，它就站不住脚了：任何一门科学既有纵向性，又有横向性；既要前后衔接，又要左右勾连，还得上下交叉。否则，它就无法形成自己的立体科学体系。

语文学习之所以长期处于尴尬境地，其根本原因恰恰就在这里。长期以来，我们被文章的综合性禁锢，认为文章不可分，阅读和写作能力是整体的螺旋型、潜滋暗长的进程，所以，就没有下大力气研究语文的整个知识、能力结构，然后把它们分解成一片片网、一条条线、一个个知识点，明确地分配到每节课中去。实践中，无论过去还是现在，没有任何一个人不是把语文分解成这样或那样的知识或能力来教，因为任何人都无法教整个语文。只不过这些知识或能力要么"灵活"到政治上去了，要么重复、遗漏到让自己也看不出轨迹。

2．知识之间的横向联系

知识之间的横向联系则是指知识之间的内在关系，具体包括：跨单元、跨模块、跨学科知识之间的联系；学科方法、思想、观点的统摄性下知识之间的联系；学科知识与实际生产生活之间的联系。

可见，在教学中，教师要通过对教材的正确理解和准确把握，将知识之间的纵向与横向联系描述清晰，并将知识置于某一知识和能力的框架内对其进行解读。这恰恰反映了一个优秀教师对教学学科本质内容的理解认识。

语文知识树如图1-1所示。

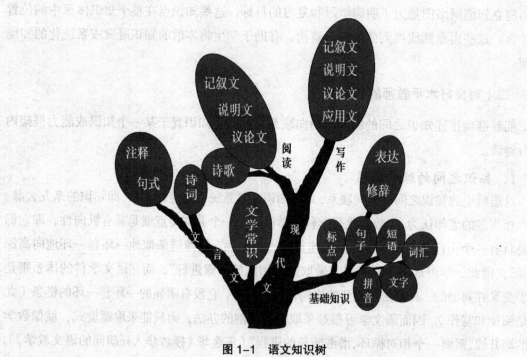

图1-1　语文知识树

（三）对优秀水平的教师的要求

1．教育价值

能够深入挖掘本单元知识在学生发展中的教育价值。也就是说，作为一名优秀教师，绝不能把"育人"的职责抛到脑后，要通过深入挖掘本单元知识在学生发展中的教育价值，增强学生的学科素养，充分体现时代发展对学科教学的要求。

我们对教育价值的理解应该包括两个方面：

（1）教学内容的学科价值（学科认知、思想方法、学法、文化等）。

（2）人文价值和育人功能（情感态度价值观）。

▶▶ **活动5** 设计、交流、分享。

（1）请老师们在15分钟内完成对"主题思想"的教学设计，设计要体现出你对教材内容的正确、深刻、独到的理解。（例文：《老王》杨绛）

_____

_____

（2）同伴互助交流。

四个人一组，每人将自己的设计分享给同伴，其他三位给出评价，要求至少说出一条优点和一条建议，并选出一个设计在全班进行集中交流。（限时30分钟）

（3）集体分享：各组选出代表在全班分享交流，对其中1~2个设计进行深入剖析。

深入思考： 在实际教学工作中，如何不断提升自己深入理解教材内容的能力？

_____

_____

新教育新理念尤为强调人文精神对各个学科的渗透，主要体现在"以人为本"上，即关注人的自然发展、生命的健康成长，承认个体差异，尊重个性的健康发展，重视情感的熏陶感染，尊重个性的独特体验。而各学段、各学科教材中都蕴含着丰富的可以有效培养学生情感、态度和价值观的素材，因此，作为一名优秀教师，就需要深入挖掘教材的这些人文特点和内涵，在有形与无痕之间把握教育契机，发挥学科教学的育人功能。

2．对结果指标的解读

根据《北京市朝阳区教师教学基本能力检核标准》和语文学科特点和现状，我们确定该能力点的结果指标如表1-3所示。

表1-3　"深入理解教材内容"结果指标

合格	教师知道自己在教什么，并且教学内容正确	1. 教师对所教内容有自觉意识 2. 所教的是学科的内容 3. 教学内容相对集中
良好	教学内容的现实化	1. 想教的内容与实际在教的内容一致 2. 教的内容与应该学的内容一致
优秀	语文课程目标的有效达成	1. 教学内容与语文课程目标一致 2. 教学内容切合学生的实际需要

对合格水平的语文教师的要求，按道理讲，一个教师上课，不会不知道自己在教什么，对所教的内容应该有自觉意识。但实际情况并非如此，有些语文课，老师在讲解、运用多种资源时，学生进行着多种活动，包括时不时地进行"四人小组讨论"，师生的对话也很频繁，教师也似乎知道自己在教什么。但稍一考证，就可以断定其所教的内容与语文的关联不大，对学生的听说读写不会发生实质性的影响。

对于文科，尤其是语文学科，在文学范畴，在艺术的领域，有些概念是可以用"正确"二字概括的，但还有更多的概念似乎如此而言不够准确，所以，语文教学如果不能像水一样活跃激荡起来，反而就成为一种束缚。语文教学应该强调客观主观相结合，才能诞生出更多丰富的、妖娆的美，这就是我们语文学科的魅力。虽说语文教学的很多内容是仁者见仁智者见智，但仍得有个可以落到实处的具体的"仁"和"智"。另外，如果语文教学没有情感的参与，没有创新在其中，有的就是像搬运工一样的重复，那就激不起更多的浪花，既不能将自己点燃，也不能将学生点燃，又从何谈起更多的照亮？

但这里也一定会有一个相对的"正确"，那么教参是否就是正确而又权威不可动摇的呢？我们的现状是很多的人都在遵从教参，而听不到自己的声音。我们是不是在"正确"二字之后，加上"自己的""深入的"理解？

一个老师，如果只是人云亦云，那么无论年龄怎样前行，教学的境界还是止步不前，并且会有越走越困顿的痛苦。如果我们可以更加主动，将我们的阅读体验，将我们的独特体会融入其间，每一个点就都是美丽的瞬间，这样的教学生涯就是美不胜收的精彩连连。

大多数的语文老师都是中文系毕业，具备一定的专业知识。例如古代诗歌和现代诗歌有区别，唐诗和宋词有区别，浪漫主义诗歌和现实主义诗歌有区别……但在课堂教学中，这些内容纵向间的联系脱离关系了。

另外，散文是否真的就是形散神聚，这些观点，在学术上也有争议，有新的认识，我们这里说的一致，是要求老师反思语文教学界"通行"的"语文知识"，能够"有源头活水"，能够除旧纳新。

所以，我们需要有自觉的反思：反思我们"教"的是"什么"？"教"得正确吗？"用什么去教"？

三、"深入理解教材内容"典型案例交流

案例 1 （不合格层次：不知道自己在教什么）

《竹影》案例片段

师：她觉得"其实有关爸爸的内容更有趣。爸爸说了什么，每四人一小组讨论，看你从爸爸的话中学到了什么？'发现'了什么。"

生：学到了知识、画马与画竹的区别、中国画与西洋画的区别、用墨画最好、画反映了画家的心态。

【点评】

关于文中爸爸话中的知识。教师显然忘了这是散文中的一个片段，似乎也没有读懂作者为什么写这一个片段，而把爸爸话中的"知识点"抽出来作为"客观正确的知识"，想让学生知道。也许因为这里有讲头罢，所以接下来教师就一个劲地往这条路上走，以至似乎忘了自己在教《竹影》，忘了自己本来应该教怎么解读、鉴赏丰子恺的散文。也就是说，从这里开始，学生可以把课本收起来放进书包了。

多媒体展示，比较中国画与西洋画的区别。

【点评】

不知道是什么。也许是觉得爸爸没有介绍清楚，这是一堂由多人谋划、演练多次，由具有较高教学技巧的教师执教的、被某省评议组宣布为获奖的课，但在我看来一无是处。

【点评】

其一，教师不知道在教什么（教学内容有许多是错误的），听课的人从语文的角度也分析不出在教什么（有许多内容与《竹影》的解读鉴赏无关），想必学生也弄不懂这堂课在学什么。

其二，一堂课，从文章的开头到结尾，从文本的"可讲处"到"可衍生处"，大大小小，几乎有 20 个"教学内容"，实际上等于什么也没有教、什么也教不会。我曾多次讲过这样的意思，一个小小的比喻，从小学一年级开始讲，一直到高三的高考复习还要讲，结果是什么？有些学生仍然学不会。1~2 年的语文课教不会一个比喻，只能有一个解释，那就是，没教过——老师每次碰到比喻都要讲，但每次都是在同时要"教"二三十个内容的情况下点一下、晃一眼，或者 50 秒，或者 1 分钟，其结果等于没有教——从来没有教！从上述这堂课也可以看出，45 分钟教二三十个内容，势必是对课文的肢解，过去是用"字、词、句、篇、语、修、逻、常"这老八字进行所谓的"讲知识"；现在是用新花样，用媒体课件、

用小组讨论（真不知道一分钟不到的时间里能讨论什么）、用课程资源、用学生的自由言说"讲知识"。

如果我们的语文教学没有觉醒，仍然像过去那样，一堂课庞庞杂杂有二三十个内容，教师又多不知道自己在教什么，那么大家围坐在一起谈论什么，就有点痴人说梦的味道了。常言说得好："回头就是岸。"如果我们的教师能以学生的学习为关注点，并以此对自己的教学能经常进行反思，那么，相信离成功的课就不会相距太远。

语文教学中，"教什么"比"怎么教"更重要。而我们的语文老师拿到一篇课文，首先想的不是我要凭借这篇课文"教什么"，而是这篇课文我该"怎么教"。不知道"教什么"的语文教学常常是注重课文的内容，课文内容讲完了，教学也就结束了。我们的学生学完一篇课文，仅仅知道了课文的内容，而他们获得的语文知识、得到的语文能力锻炼几乎为零。

我们认为，语文老师拿到一篇课文，首先要思考的是"教什么"，明确了"教什么"，然后再考虑"怎么教"。"教什么"绝不是课文内容，而是从课文内容中提取出来的语文知识和语文能力，这需要语文老师有一双敏锐的发现的眼睛。"教什么"本来应该是教材编者的事，但编者没有做这件事，这给我们的语文老师的教学带来了很大的困难。但无论如何，拿到一篇课文，我们首先要考虑"教什么"，然后再考虑"怎么教"。

（合宜的教学内容是好课的底线《听王荣生教授评课》）

【点评】

王荣生老师的批评很有道理。这堂课确实上得莫名其妙，让人啼笑皆非。而竟然还能获奖，难免令人感叹：我们的语文教育界，因何至于此乎？从前语文教学仿佛有个"潜伏"的套路:(拿到一篇课文),解题、介绍作者和时代背景、分段并概括段落大意、总结中心意思、分析写作特点。这个模式不但死板，而且容易忽略学生的主体性，遭到了很多高举人文精神大旗的人的激烈反对，一下子被冲垮了，至少在公开课上，这种模式很少见了。

问题是，这种模式也有合理的成分。打破这个模式是可以的，但是应该尽量保留其合理的成分。教师不知道自己究竟打算讲什么，教学内容不清，教学目标不明，更严重的是，丰子恺先生在这篇文章里到底说了什么，到底打算说什么，师生都没有弄明白。就这篇课文和这堂课来说，不但作为教学专业人员是不合格的，即使作为一个读者，也是不合格的——没有读懂课文。

文本还没读懂，就拼命向外拓展，这是当今语文教育界常见的现象。课文的弦"内"之音都没搞明白，就大肆张扬其弦"外"之音。最后终于把课讲成了断线的风筝。

所以，教师自己要把课文读明白，下功夫把教学内容（教什么）想清楚，这应该是语文教师的安身立命之本，是语文教学的前提。

[王晓春老师《听王荣生教授评课》读后感（有删减改动）]

案例 2（合格层次：教师知道自己在教什么，并且教学内容正确）

《从百草园到三味书屋》第一课时（进入部分）

1. 整体感知：谈谈作者对百草园和三味书屋的生活感受。

要点：对百草园的感受是：对在百草园的无拘无束、自由快乐的生活充满了喜爱；对三味书屋的感受是：有怀念，有厌恶，也有读书之余的乐趣。（众说纷纭）

问题：你怎样看待三味书屋的那位先生？你理想中的老师是什么样的？（只要言之有理即可）

2. 文章通过对百草园和三味书屋两种不同生活的描写，想表现什么主题呢？

要点：由于对文章结构关系的不同理解，也表现了对文章主题的不同理解。可以仁者见仁，智者见智。

3. 通过预习，说说你最喜欢哪一段？小组讨论喜欢的原因。（这是教学重点）

教师做法：

上课开始，教师通过电脑展示几幅鲁迅以及百草园与三味书屋的照片，在脱离文本的情况下让学生谈谈作者对百草园和三味书屋的感受，并且宕开一笔，问学生喜欢什么样的老师，学生回答很踊跃，接着老师又回到作者想要表达什么样的主题，又跳跃到一个内容：问学生喜欢哪一段？

【点评】

作为起始课，应该有对鲁迅及其作品的简单介绍，尤其是介绍《朝花夕拾》中作者饱含感情色彩的对童年往事的回味。这是一篇文章的底蕴，而非出示百草园和三味书屋的照片就可以达到目的。因此，对这篇文章，作者的讲授比较单一，缺乏深度，没有沉浸到文章中去，只是粗略地去谈。在学生众说纷纭之后，没有更多的引导，主题有些分散，尽管学生十分踊跃，但那只是表面的繁荣，并没有真正解决什么问题，这个环节，问题的设计不够明确，如果放在后面的课时穿插进去，可能有些效果，但前提是教师必须解读体会文本，然后再做延伸。后面，又回到了一个大的方面：作者想要表达什么样的主题，这样的问题大而空。

所以，总体来看，课上得虽比较热闹，却缺少"一根筋"意识。这跟老师本身对文本的深入理解程度有关，因此，教学设计也就不够深入。

案例 3（良好层次：教学内容的现实化，转化为可教学文本）

《安塞腰鼓》教学设计一

朗读、体味语言之情感；探究、品味构思之精当；感悟、领略行文之美妙；体验、享受意蕴之深远；创造、展示想象之瑰丽。

《安塞腰鼓》教学设计二

《安塞腰鼓》教学设计如表1-4所示。

表1-4 《安塞腰鼓》教学设计

流向	学生的状况	教师的调节
起点	对课文缺乏感受	请同学们自由朗读课文
从对事的感受转移到对文的感受	说不出新的感受，没有把关注点从事件转移到文本	启发：有没有发现有些句子传递这种感觉更强烈些？能不能独立地圈一圈
	学生自己感受句子；有学生想讲了，学生朗读，交流自己感受最深的语句	引导学生相互学习：大家拿起笔记一记，老师也拿起笔记一记
延伸到感受精细化	没有学生想讲了，即课文的语句同学们基本上理了一遍	延伸：能不能把我们的思考推进一步，想一想为什么是对这些句子有更深的感受，他们在句式上有哪些特征
	有的同学觉得难	组织小组合作讨论；调整：也可以在词语的选用上
终点	学生分小组讨论约五分钟，小组推举代表准备发言	小组讨论，教师巡回；提议小组代表发言，再等一分钟
	小组代表发言，其他成员补充，各小组交流	老师不断调节学生发言的流向，使交流充分，并不断增加交流的角度
	学生再自由朗读	让学生感受刚才的交流成果
	有学生可能会以为言辞表达只是"修辞手法"	再延伸：从写作对象引导学生意识到"语句传递精神"，点到为止

【点评】

教学设计一的依据和意图感觉很美，却不知教师会如何去落实？出发点和落脚点在哪里？

从这个角度来看，王荣生教授一针见血地指出，对于语文教学设计中应考虑的三个要素：文本的特性、学生面对文本时可能的状况、教学设计的意图即学生最终的收获，许多教师都是"想当然"地考虑了，但实际教学设计过程却完全"不予考虑"。一个很重要的原因就是：绝大多数教师受了教材的迷惑，这种迷惑使语文教师丧失了甚至忘记了对文本的专业感觉。

教学设计二的教学目标是在文本语句的感受中开发学生的文学感官的能力，让学生明白感受文学细腻而又丰厚的路径与方法。制定这样的教学目标，对我们一般的语文教师来讲是不可思议的，但这样的课的确上得很成功，学生准确地把握了文本，体会也很深刻，课堂参与度很高。可以看出，老师在备课时确确实实做到了深入文本，考虑文本的特性，切实考虑到了学生面对文本时可能出现的状况，教学意图十分明确且切实可行。

而我们呢？备课之初就被教材中的两个问题迷惑住了：为什么"多水的江南"打不了这样的腰鼓？为什么听到这样的"鸡啼"？这种连作者刘成章自己"也没法子做出'标准答案'的考题"迷惑了我们的头脑，使我们忽视甚至忘却了文本。"它的'背后'没有东西。"，它的"所有一切，都在前台，都在它的言语中"，"作者用如此奇崛的语言生动地表达出了作者所要表达的一切"，而我们却要在教材的引导下去苦心孤诣地挖掘体会这语言的微言大义，这真的是对文本的过度解读。因此反而远离了文本的核心价值。

所以说，备课时要真的不糊涂，上的课让学生学有所获，就一定要切实做到研究文本，研究学生，而不是只关注课堂上表面的华美。

案例4 （优秀层次：语文课程目标的有效达成）

以程翔老师《散步》课堂教学为例，来看形象、情感、细节的经验性捕捉，并思考《散步》教学实录带给我们哪些语文思维教学方面的启发？

语文思维教学的另外一个重要任务是培育学生从字里行间去发现问题、理解问题和解释问题的能力。这个任务比较特别，是借文字和文章内容来培养学生的抽象思维能力，而这种抽象思维能力的形成与文字和文章所呈现的形象、情感、细节等又密切相关，因此，语文思维教学在完成这项任务时所采用的教学策略和教学模式就比较特殊，与数学、物理、哲学、逻辑等学科的思维教学有着较大的差别。

下面我们以中学特级教师程翔老师的《散步》教学实录为例，看看程翔老师对初中生是如何开展思维教学的。

> **《散步》教学实录**
>
> （执教者 程翔）
>
> 师：我问同学们一个小问题：咱们班的同学有经常和父母一起散步的吗？请举手。（生举手）
>
> 师：请一位同学谈谈自己和父母一起散步的感受。
>
> 生：我觉得和父母一起散步很放松，可以谈谈心，一家人有说有笑，即使父母批评自己，也不像在家中那么严肃。
>
> 师：很好。散步是家庭生活中的一项内容，它是一种温馨幸福的家庭生活。今天，我们来学习一篇叙事散文——《散步》。先请一位同学把课文朗读一遍。（生朗读课文）

【点评】

在初中生（少年期）阶段，这是抽象思维明显的发育时期，在这个特定的思维发育时期里，任何一门学科的教师都要抓住这一特点，结合学科的特征和优势，采取适合的教学策略和教学模式，对症下药，使初中生的思维得以健康地发展。初中生的抽象思维还处于经验型的发展阶段，需要感性经验的直接支持，因此程翔老师从生活中提取了一个情景、一组形象，既是讲课的一般导语，又引导学生从生活经验中概括出自己的抽象感受，从中培养学生的抽象感悟能力。

师：本文一共写了几个人？

生：四个人。作者、作者的母亲、作者的妻子和儿子。

师：对。最喜欢母亲的，请举手？（生举手）

师：请一位同学说说，你为什么最喜欢母亲？

生：这位母亲很理解儿子的心意，很疼爱自己的孙子。

师：请你把写母亲的地方读一遍。（生读第二自然段）

师：母亲尽管走远一点就觉得累，但体谅到儿子的一片孝心，就出来了。这是写母亲的动作。"她现在很听我的话，就像我小时候很听她的话一样。"这句话说明了什么？

生：母亲十分信赖孩子。

师：对。哪一个地方写到了母亲的语言？

生：倒数第二段。

师：请你读一下。（生读课文）

师："还是走小路吧。"母亲为什么改变了主意？

生：因为母亲知道了孙子要走小路的原因，"那里有金色的菜花，两行整齐的桑树，尽头有一个水波粼粼的鱼塘。"孙子想去看看，当奶奶的应该满足孙子的要求。

师：很好。那么母亲的这段话怎么读才好呢？谁来试一试？（生读课文）

师：同学们注意，文中写道："但是母亲摸摸孙儿的小脑瓜，变了主意。"这是一个思想转变的过程，怎样读才能表现出这个转变的过程呢？

生：我觉得把"还是"两个字带点拖音："还——是——走小路吧。"

师：很好。你体会得很到位。母亲的第二句话怎么读呢？

生：（大声地）"我走不过去的地方，你就背着我。"

师：用不着这么大声。母亲让儿子背着自己，提这点儿要求用不用事先跟儿子商量商量？

生：不用。

师：对呀。母亲说这话时很放心、很坦然。读的时候要把这层意思表达出来。请听老师读。（师范读课文）

师：以上我们分析了对母亲的描写。

（师板书：母亲　善解人意、疼爱孙子　动作、语言）

【点评】

从初中开始，语文教师就要结合记叙文的教学对初中生的抽象逻辑思维进行初步的培养,具体讲,就是老师要引导学生学会通过对形象材料的分析、综合、抽象、概括等思维过程,划分文章段落、归纳段意、分析人物形象、概括中心思想、认识写作特点、表明自己的观点等等。程翔老师通过有针对性地提出问题,引导学生在文章的字里行间(人物的一言一行)寻找回答问题的依据,同时还不断地引导学生在典型人物身上寻找典型的形象特征,使学生学会在形象中捕捉特定的意义。与此同时,培养施教对象对形象的感知能力,让他们用声音来准确地再造形象。

师:最喜欢作者的,请举手。(生举手)

师:请一位同学说说,你为什么最喜欢作者?

生:他很孝敬母亲。

师:从哪里看得出来?

生:"我决定委屈儿子,因为我伴同他的时日还长。我说:'走大路。'"

师:"因为我伴同他的时日还长"这句话隐含的意义是什么?

生:伴同母亲的时日短。

师:对。作者希望在母亲有生之年能多出来几次散步。作者对一家四口这次在田野散步是很珍惜的。作者的这种感情在前面的哪一段中表露过?

生:"天气很好。今年的春天来得太迟,太迟了,有一些老人挺不住。但是春天总算来了。我的母亲又熬过了一个严冬。"

师:哪几个字应重读?

生:"太""总算"和"又"。

师:好!作者在内心深处为母亲又熬过了一个严冬而高兴。这是什么描写?

生:心理描写。

师:对!那么作者"走大路"这句话应该怎么读?

生:应该干脆利索:"走大路"。

师:或者说是斩钉截铁,有没有商量的余地?

生:没有。

师:对,说一不二。"走大路"。我们把第六自然段齐读一遍。(生齐读课文)

师:刻画作者本人,较多地使用了心理描写,也有语言描写。

(师板书:作者 孝敬母亲 心理、语言)

【点评】

初中生应该能够对心理上产生的微妙情感变化有敏感的捕捉能力,因此老师要加强在这个方面的引导。情感体悟是从经验基础上产生的一种理性认识,是看不见的抽象,在文章的字里行间中往往隐含着这些稍微复杂(对于初中生而言)的内容,需要进行思维的抽象分析和判断,才能体会到。

师：最喜欢文中这个小孩的，请举手。（生举手）

师：请你说说理由。

生：这个小孩没有坚持非走小路不可，他听从了爸爸的话，是个懂事的小孩。

师：很正确。文中小孩说了两句话，谁来读一下？（生朗读课文）

师：这个小孩发现了一个很有趣的现象，是靠自己细致的观察得出的。说明这个小孩怎么样？

生：很聪明。

师：对。（师板书：小孩 懂事、聪明）

师：只剩下妻子一个人啦。最喜欢妻子的，请举手？（没有学生举手）

师：请你说说为什么不举手。（老师随便叫了一个学生回答）

生：我不喜欢这个人物。

师：为什么？

生：妻子没有说一句话。

师：她不说话，你就不喜欢？

生：书上写"妻子呢，在外面，她总是听我的"。就是说，妻子在家里就不听……师：就不听丈夫的。你是这个意思吧？（生点点头）

师：同学们想一想，妻子难道一切必须听丈夫的吗？

生：不是。

师：对呀。丈夫说得对才听，说得不对，还能听吗？那就另当别论了。为什么这个妻子在外面总是听丈夫的呢？那是因为她维护夫妻之间在外界的美好形象，她很给丈夫什么？

生：面子。

师：对呀。用现在的话说，就是妻子在外面是很尊重丈夫的。但是回家就不同了。在家里，夫妻之间完全可以互相批评。这叫内外有别嘛！妻子没说一句话，那是因为她在等待丈夫的决定。一旦丈夫说"走大路"，妻子就毫不犹豫地支持丈夫的意见，也走大路。妻子不说一句话，正说明她是一位默默奉献，更多地操持家务的贤妻良母。她说得少而做得多，同学们不喜欢这样的妻子？反正我喜欢。你们同意我的观点吗？

生：同意。

师：喜欢的，请举手。（生举手）

师：看法发生变化了，这就是理解了。好，下面我们把文章最后一段齐读一遍。（生齐读课文；老师板书：妻子 默默奉献、贤妻良母）

【点评】

优秀的记叙文之所以会产生撼人的力量，在于细节在其中发挥了重要的作用，程老师就是引导学生去发现这些细节，更重要的是发现了这些细节所隐含的特殊意义。在学生的生活中也处处充满了细节，程老师引导着学生把书本中的细节与生活中的细节联系起来思考。同时细节的发现也离不开细腻的情感体验，程老师巧妙地将两者结合了起来。

> 师：同学们，这一段内容就好像一幅电影画面，你从中感受到了什么？用一个字表示。
>
> 生：爱。
>
> 师：对。（板书：爱）
>
> 师：家庭的幸福大厦就是由爱支撑起来的，散步所体现出来的温馨与幸福就在于此。希望同学们以后经常与父母在一起散步，去感受美好的家庭生活。

【点评】

初中生抽象思维的发展有两个相互关联的基本特征，他们能从由形象、情感和细节等构成的文章或段落中，准确地概括出作者所要表达的主要思想，还能准确地表达出自己的一般感受。程翔老师最后引导学生准确地概括出了他们对文段的真实感受，同时也示范了老师思维推进演绎的成果。

总评

为什么说这节课达到了语文课程目标的有效达成这样的优秀层次？

这是因为程翔老师在语言和思维二者之间搭起了桥梁。程翔老师自身对文本有深入的体会，在形成梯度的问题引领下逐步深入，演绎、推理，从而水到渠成、自然而然地达到目的，由此点亮学生思维的火花，并能延续形成思维习惯。

"课堂实录"的教学模式体现了"总—分—总"的一般模式特征，先总结经验，后总结感受，中间通过形象、情感和细节等分析，呈现字里行间的特定意义。这个模式突出了在感性经验的基础上发展初中学生抽象逻辑思维的一般程序和方法，具体表现为：

（1）教师呈现思考的情境和问题。

（2）教师有针对性地抽取若干个问题。

（3）学生从课文中寻找回答问题的依据。

（4）学生表达对课文内容的感受或见解。

（5）教师的评价与示范。

这节课堂实录体现了程翔老师的语文思维教学理念，这就是：教师要做学生思维的引导者和示范者，要为思维发展而教。我们从这节课中可以得到很多语文思维教学方面的启发：

一是将对提问追问的核心内容作为语文思维教学的一种重要的内容，学生在与教师互动的过程中，逐渐脱离具体而又感性的经验材料，继而寻求事物之间的逻辑关系；

二是将"教师是主导"的作用定位在引发思维的主导位置上，教师在整个思维教学活动中始终走在学生思考的前面，用一系列相关的问题引导学生的思维向既定的方向逻辑性地发展；

三是学生在课堂的主体地位体现在积极主动地参与问题的解答上，他们是认识的主体和发展的主体；

四是思维训练是师生双方为改变和发展自身的思维素质而进行的一种有目的的活动和实践，它应该是课堂教学的主线，也就是说，在语文思维教学的过程中，只有教师的主导作用和学生的主体地位进入思维训练的程序中，两者才能达到和谐的统一。

四、"深入理解教材内容"能力训练

在读者、作者和文本之间，文本无疑是中心，文本由表层意象、中层意象和深层文学形式的审美规范构成。其奥妙在千百年的创作实践中积淀，一般读者一望而知的只能是表层，教师、论者的使命乃是率领读者解读其中层和深层密码！

（孙绍振《名作细读》）

（一）文本解读、研读教材

▶▶ **活动 6** 阅读教材《最后的一课》《沙之书》《孔乙己》《贝芬的森林》。

形式 1：根据学员情况，选择一段教材，请学员阅读这段教材，填写表 1-5。

形式 2：根据本班分组情况，选择不同的教材，每两组针对同一教材完成阅读任务。阅读任务如表 1-5 所示。

表 1-5 阅读任务

要　　求	完成任务	
读第一遍	概括文本中心内容	
	重点知识梳理	
读第二遍	概括文本中心内容	
	重点知识梳理教材编写意图	
读第三遍	概括文本中心内容	
	确定教学难点确定教学目标	

1. 个人独立进行反思

（1）梳理任务完成情况，看看每一遍研读文本之后，自己的发现有了怎样的变化？自我分析这种变化产生的原因是什么？

（2）阅读三遍文本后，你认为对本段教材中心内容的概括是否准确，重点、难点的确定是否到位？

2．组内、全班进行交流

（1）组长负责组织本组老师进行交流，梳理如何通过研读文本达到正确而且深入地理解教材的具体方法，每组至少总结出两条具体方法。

（2）教师组织各小组进行分享与交流，并归纳概括出正确而又深入地理解教材内容的方法。

3．全班分享交流

（1）每个学员根据自己对本段教材最完善的理解与认识，进行教学设计。

（2）组内成员交流教学设计，并说明为什么做出这样的教学设计？教材中哪一部分内容对自己的教学设计最有启发？为什么？

（3）各组选出一个学员为代表，在全班交流分享。

▶▶ **活动7** 展示交流、回顾反思。

1．请各组代表分别展示自己的教学设计
重点说明教材内容对自己进行教学设计的启示。

2．分组讨论
（1）研读文本对自己进行教学设计和教学实施有哪些具体作用和实际意义？
（2）在实际工作中，如何才能做到正确而又深入地理解教材内容？
（3）对上述两个讨论题进行全班交流。

（二）深入理解教材内容要素分析

感觉到的东西不一定能深刻地理解它，只有理解了的东西，才能深刻地感觉它。我们对教材文本的使用也不能停留在感觉的层面，而应达到深层次的理解。理解教材的目的在于应用教材的思想意图和内容方法进行教学，在教学过程中达到内化知识、发展思维、开发智能、形成技能、培养各种良好品质的目标。只有深刻理解教材，才能实现课堂结构的优化，因为教材知识结构的优化，为我们优化课堂结构提供了可能和条件。

课堂结构的要素包括教师、学生和教材三大要素。优化的课堂结构必须是各要素处于最佳状态，并达到和谐统一的最佳组合。也就是说，课堂结构各要素要形成整体功能，使整体功能形成合力，大于各要素功能的和。在课堂结构的要素中，教师是主导的要素，只有教师处于最佳状态，才能使其他要素处于最佳状态，才能使组合方式和谐统一，活动程序也达到最优化。而教师达到最佳状态的主要条件，是教师深刻理解教材，能动地使用教材，把优化的知识结构转化成学生的良好认知结构。

北师大周玉仁教授说："课堂教学结构是在一定教育思想的指导下，为实现一定教学目标，对构成教学的诸因素，在时间、空间方面所设计的比较稳定的、简化的组合方式及其

活动程序。"这里所说的设计者，包括教材的设计者，但直接、具体的设计者，是教师，是教师根据自己对教材的理解和学生实际所设计的课堂结构，教师是与教学质量直接相关的设计者。所以，教师深刻地理解教材、能动地使用教材，是实现课堂结构优化的前提。

正确深入理解教材内容不等于机械地呈现教材，不是要求教师"照本宣科"，而是对教材有一个深度、全面、系统的解读，只有真正准确理解并把握教材的编写意图，才能吃透教材的精神，挖掘教材的内涵，也才能实现对教材的"二度创作"，甚至是超越，不断赋予文本新的生命。

教师要做到正确理解教材内容，应该努力做到以下几个方面。

1.尊重教材

因为教材是由教材专家、教研专家和教学专家经过反复推敲、实验编制而成的。教师尊重教材是教师具有端正的教学态度和严谨治学精神的具体体现，这意味着教师要认真研究教材的编写意图，深刻理解文本材料背后所隐藏的丰富内涵。只有教师在有高度、有厚度的文本解读中，字斟句酌地对教材"深入"研究，才会有课堂上"浅出"的精彩。

2.理解课程标准

课程标准是对教学的共同要求，各种版本的教材都是遵循课标编写的，因此课标是我们进行教学设计和课堂教学的重要依据。教师对课标认识到位，教学才有依据，才有可能实现教学过程的优化。通过对课程标准的研读，理解学科教学的总目标，理解每章节具体教学内容的具体定位和教学目标，从而为清晰理解教材的编写意图奠定基础。

3.研究教材

教材是最重要的教学资源，是教师教学的范例文本，是教师向学生传授知识、技能和培养学生能力的重要渠道。对教材研究的深度、广度是衡量教师教学能力的重要表现之一，是教师确定教学目标、设计教学活动的前提，也是确保课堂教学质量的基础。

只有在把握课标要求的基础上吃透教材，清晰了解教材内容的系统结构，准确把握教材内容之间的纵向和横向联系，才能正确理解教材内容。大体看看，泛泛阅读，一知半解，是不可能做到灵活驾驭教材、有效提高教学质量的。

通过对教材内容的认真研读，教师要明确教材内容的地位作用，准确地分析其知识类型，把握住教材内容中的重点，筛选出学生在学习中可能遇到的难点，对教学内容作出正确的选择和取舍，同时促使教师不断思考如何进行教学设计才能更好地突出教学重点、突破教学难点。

通过对教材内容的反复琢磨，教师要全面理性地理解教材的编写意图，清楚地理解教材的逻辑意义，深入体会课标中给出的教学建议，确保教学设计和课堂教学反映课标对教学的具体要求，提高教学的思想性、艺术性。

通过对教材内容的深入思考，教师对教材中的核心价值作出正确的分析和判断，方可更加深刻地理解教材内容的深层内涵，进一步理解学科教学的本质要求，从而做出有利于提升学生学科素养的教学设计。

1）正确深入理解教材的地位作用

教师通过研读教材，可以做到正确理解教材的地位作用，即清楚这段教材内容是在学生学了哪部分知识的基础上进行的，是对前面所学的哪些知识的应用，又是后面学习哪些知识的基础；它在整个知识系统中所处的地位；它在学生的知识、能力方面有哪些重要作用？对学生将来的学习还会有什么影响等？

其采用的方法是：

（1）在单元知识框架中运用联系的观点认识某个知识点，重点是头脑中要有清晰的单元知识框架结构图。

（2）教材的编写体例是螺旋式发展的结构，教师更需要关注知识之间的内在联系。

（3）通过研读课程标准、教师教学用书以及相关的背景材料，丰富对教材内容的认识和理解。

2）注重知识内部的深入理解

正确理解教材内容，就要仔细分析教材的编写意图，教材中的每一句话都是经过仔细推敲的，教材中的拓展内容、思考与练习是经过反复斟酌与精挑细选的。

例如，在新知识的意义建立起来以后，往往还要对其进行深入的意义辨析，以期使学生达到对新知识的深层理解，这就需要教师首先对这些知识有更为深刻的理解。

其采用的方法是：

（1）对关键性文字与语句进行咬文嚼字的分析，特别是对关键词的理解更要突出强调。

（2）利用适宜的教学方式深入认识新知识的本质属性，概括出新知识的要义或注意点，梳理新旧知识之间的联系，在辨析中加强理解。同时，教师是否可以灵活、合理、恰当地处理思考、练习、拓展等教学内容，也是体现教师是否正确理解教材的关键之一。

4．整合运用

从"教教材"到"用教材教"，再到"善用教材""用好教材"，是教师的一个理想。这就需要教师对教材进行"再创造"，高水平的创造不仅需要教师具备较高的学科素养，而且需要教师对学生的学科认知规律有深入的了解与认识。

5．理性评价

这是要求教师能对教材内容的思想性、典范性和学生的可接受性做出正确判断；对课后思考与练习的基础性、启发性和形式的实效性做出正确选择，能够对教材进行整合优化。

（三）深入理解教材能力的操作过程与要点

（1）至少要字斟句酌地研读教材3遍以上，达到能够正确说出教材的中心内容、重点知识的程度。

（2）尝试从编者的角度去理解教材的编写意图，达到能够用自己的语言去解释教材中的教法预设的程度，包括一些思考、探究、研讨、练习等环节的设计思路和作用等。

（3）研读课标和教学参考书，并判断出自己对教材的理解是否正确到位，并通过查找相关背景材料，进一步明确教材的重点、难点以及学生学习中可能出现的疑点。

（4）通过综合分析，前后对比，在一个联系的框架内或体系内理解教材中的相关知识、方法和思想等，建构运用语言的能力，发展提升思维，并深入挖掘文化的内蕴与审美价值。

理论链接

先行组织者

为了进一步强化教师和学生对教材内容的正确理解，教师可以加强"先行组织者"的使用意识。先行组织者（advance organizer）是先于学习任务本身呈现的一种引导性材料，它要比原学习任务本身有更高的抽象、概括和包容水平，并且能清晰地与认知结构中原有的观念和新的学习任务关联。

先行组织者是认知心理学的代表人物——美国教育心理学家奥苏伯尔于1960年提出的一个教育心理学的重要概念，也是他在教学理论方面的主要贡献之一。根据奥苏伯尔的解释，学生面对新的学习任务时，如果原有认知结构中缺少同化新知识的适当的上位观念，或原有观念不够清晰或巩固，则有必要设计一个先于学习材料呈现之前呈现的一个引导性材料，可能是一个概念、一条定律或者一段说明文字，可以用通俗易懂的语言或直观形象的具体模型，但是在概括和包容的水平上高于要学习的材料，搭建一座使新旧知识发生联系的桥梁，这种引导性材料称为先行组织者。

先行组织者在学生学习较陌生的新知识，缺乏必要的背景知识准备时，对学生的学习可以起到明显的促进作用，有助于学生理解不熟悉的教材内容。使用先行组织者，有助于促进学习的迁移，对于需要解决问题的迁移有明显的促进作用，如果学习材料只要求机械记忆，则效果不明显。

我们就以北京交通大学附属中学孙洪超老师对法国作家都德《最后一课》的"民族的语言、国家的尊严"主题下的教学环节解读为例，来看教师如何在学生原有的认知结构中，将引导性材料在最恰当的"点"切入，有的放矢，造成认知的落差，颠覆学生原有的认知，从而有所突破。

环节一：（背景介绍）（略）

这篇短篇小说，就以沦陷了的阿尔萨斯的一个小学校被迫改学德文的事件为题材，通过描写最后一堂法语课的情景，刻画了小学生弗朗士和乡村教师韩麦尔的典型想象。

环节二：(主题："最后""一节""法语课")(略)

短篇小说《最后一课》，以沦陷的阿尔萨斯一个小学校被迫改教德文的事为题材，通过小弗郎士在最后一堂法语课中的见闻和感受，刻画了小弗郎士和乡村教师韩麦尔先生的典型形象，真实地反映了沦陷区法国人民的悲愤和深厚的爱国感情以及争取祖国统一的坚定信念。

环节三：(质疑与探究：文学与事实)

请看下面三则材料，结合对课文的学习，你能得出怎样的看法？

材料一：在当时，阿尔萨斯省绝大部分居民都是说德语的，法语人口大约占5%，阿尔萨斯地区在过去长期属于德意志地区，是德意志诸邦国的一部分。到1648年，成为法国的"非正式保护国"。直到路易十四时期，法国侵占斯特拉斯堡，这才确立了对此地的正式统治地位，但阿尔萨斯依旧获得自治的独特地位。1871年，法国战败后，阿尔萨斯被划归为德国。1918年第一次世界大战后德国战败，该地区又划归法国。一直到今天，该地区绝大部分人依然说德语，很少说法语。

材料二：1871年，法国为阻碍德国统一，悍然发动了对普鲁士的侵略战争，但事与愿违，法国惨败，德国转入反攻，占领巴黎近郊，在凡尔赛宫宣布德国成立，迫使法国割让阿尔萨斯和洛林两个钢铁产区。

材料三：据英国《大不列颠百科全书》第1卷245页记载："第一次世界大战后，法国政府企图同化该地，特别是企图用国立学校取代当地传统的教会学校，并禁止德文报纸出版(德语是当地75%居民使用的书面语)。"导致的后果是："阿尔萨斯自治运动蓬勃发展，寻求在法兰西共和国内自治。"后来法国政府放弃了这些文化同化的措施，自治运动才停歇。

作者背景补充：都德，法国19世纪后期著名小说家，做过教师。毕生从事创作，写过一百多篇小说。主要作品有短篇小说集《磨坊书简》，成名作半自传体长篇小说《小东西》，剧本《阿莱城的姑娘》等。《最后一课》是他的短篇小说。

普法战争爆发，都德应征入伍。他以这次战争为背景，写了一组具有深刻爱国主义内容和卓越艺术技巧的短篇小说。

他善于用简洁的笔触描绘复杂的政治事件，"他的创作，真实与诗情、欢笑与泪痕、怒焰与悲苦，交流并泻，构成他区别于同时代其他作家的独特风格。"

都德是法国文学史上一个很有特色的小说家，是"五人聚餐会"的成员之一(其他四位是福楼拜、屠格涅夫、左拉、埃德蒙·德·龚古尔)。

【点评】

"环节一"与"环节二"是重头戏，这是基于文本内容的探究与深挖，而"环节三"的插入，更好地说明了教学资源与文本不是并列关系，而是课堂教学内容的拓展和延伸，是对课堂内容的进一步补充。一段段文献的恰当运用，带来了震撼心灵的效果。孙老师将一篇爱国感人的短文放在一个"航拍"的历史大画面中,而这段史料的穿插也达到了教师的教学目的,使学生透过"史实",在持续的思考中不断深悟:这就是文学的魅力,作者都德的立场与情感色彩,赋予了这篇文学作品勾魂的魅力,这就是文学与历史的不同之处。

> 环节四:作品感人的力量源自何处?
> 都德的短篇小说《最后一课》在 1912 年被首次翻译介绍到中国,从此,在长达一个世纪的时间里,它被长期选入我国的中学语文教材,超越了不同时期、不同意识形态的阻隔,在中国成为家喻户晓、最具群众基础的法国文学名篇之一,它甚至可以作为都德的代名词,作为"爱国主义"的符号,融入近代中国人百年的情感之中!

【点评】

《最后一课》在 1912 年被首次翻译介绍到中国",这看似不经意的一个资料的引入,却由此展开了对一篇文章多维度的解读,一篇感人的文章放在了纵横坐标上,它打破了学生原有的平衡认知结构,为学生提供了阅读经典的多个思考角度。

> 环节五:深入思考这句话"灭绝一个民族,最好的方法就是灭绝它的语言!"
> 同样,在我国的沦陷区,日本把日语定为必修的"国语"科,将日语的普及视为灌输"日本精神"、亲日思想的重要手段。而将我们原有的国语改称汉语。一年级小学生,一入校就在以日语为主要语言的环境中接受教育。
> 一个国家的语言文字,是这个国家的象征。热爱祖国的语言和文字,也是爱国的表现。所以,在自己国家的主权遭侵犯、国土遭践踏的时候,这种感受才是最强烈的。

【点评】

爱国的主题,可以有很多角度,但短短的一篇文字缘何有如此感人的力量,这是因为教师从感性的文字,进入核心的层面,从而对作者高妙之处的评价不再是抽象的表达,作者都德卓越的艺术技巧在学生的心灵中也得到了更为丰厚而生动有力的诠释。

总评

我们试图还原课堂的情境,再现教学过程中学生的"惊艳",这样的教学效果,不仅源于丰厚的文献资料荡起了层层涟漪,造成学生认知的冲突,也来自孙老师作为组织先行者并非简单地提供资料,而是巧妙地在那个最微妙的"点"适时拨动,将学生巧妙带入,由此学生不仅找到了历史与文学的结合点,更学会了思考,尤为可贵的是能力迁移,使学生学会自己搜集文献并能整合文献解决问题,我们看教师作为先行组织者如何搭建桥梁,孙老师是这样引导学生的:"好,我们一起来查查这段历史、那段背景。"在学生兴意盎然的探究中，教师与学生形成了学习的共同体，成为教学资源的共同开发者。

教师不仅运用多种恰当的文献内容丰富并深化了教学内容，同时也将自己运用文献突破难点的经验与兴趣传递给了学生，提高了学生运用文献的意识与能力。师生共同经历的这惊人的"揭秘"过程是个不断被史料震慑的过程，学生也从表面化的爱国情感中陷入深度的思考，教师恰到好处地将作者参加过普法战争的背景资料高效穿插，于是，一切水到渠成。师生在深入分析文献，不断挖掘、不断分析整合文本带来的多重价值过程中，既能入乎其中，又能出乎其外，从对一篇经典篇章的鉴赏迁移到对其他动人的作品的鉴赏与思辨，走向了真正的文学审美之路。

（四）深入理解教材能力的评价，准确分析重点内容，并清晰理解其中的难点

评价要素和评价结果指标如表 1-6 所示：

表 1-6 评价要素和评价结果指标

要　素	评价指标			权重
	很　好	较　好	一　般	
基本内容	分析全面准确，能够准确分析重点内容，并清晰理解其中的难点	分析全面准确，能够比较准确地分析出重点内容	分析比较全面准确	0.3
单元知识框架	结构清晰合理，内容全面直观	结构合理内容全面	结构比较合理	0.3
构建知识的横纵向联系	能准确阐明知识之间的逻辑关系和发展脉络，深入挖掘知识之间的内在联系	能比较准确阐明知识之间的逻辑关系和发展脉络	能阐明知识之间发展的脉络	0.2
在纵向横向系统中的地位和作用	阐述明确具体，剖析准确到位深刻，具有启发性和指导性	阐述明确具体，剖析比较准确到位	阐述比较明确具体	0.2

五、考核与反思

（一）达标考核

达标考核可以根据内容和实际情况采取笔试或说课答辩的形式进行。

请思考下列问题：《我的叔叔于勒》的主题是什么？你认为学生会完全接受"揭示了资本主义社会人与人之间赤裸裸的金钱关系"这样的主题吗？你是怎样理解的？

（1）概述本专题学习要点。

_____

_____

（2）你怎样理解"正确深入理解教材"这句话？

_____

_____

（3）通过读书与查找文献，你在文本解读方面有什么提高？请结合教学实例谈一谈自己的学习体会。

_____

_____

（二）反思角度

教材定位、教材分析、背景分析、主题确定、过程描述、反思小结……

在说课中，请你以《兰亭集序》为例来"说教材"。参考所提供的六个反思角度，进行对比反思，并能在从原始文本到可教学文本重构的教学实践中有所突破，进而有效地改进教学。

_____

_____

（三）参考内容

《兰亭集序》"说教材"环节

1. 教材定位

《兰亭集序》定位于人民教育出版社普通高中课程标准试验教科书语文必修2第3单元。

2. 教材分析

（1）教材总体要求：着重培养学生阅读浅易文言文的能力。

（2）本单元教学要求：

《兰亭集序》是高中课程标准试验教科书语文必修2第3单元的一篇文章，与《赤壁赋》《游褒禅山记》共同呈现古代山水游记类散文的风采与风貌。它们与第一单元的现代抒情散文遥相呼应，互为补充，共同为"表达交流"部分的"写景要抓住特征""学习描写""学习抒情"提供基础和范例。这三篇文章虽都是山水游记类散文，但作者却未仅仅停留于对自然风物的客观描绘上，而是在对景物的描述中倾注了个人的情感和志趣，真正做到了"登山则情满于山，观海则意溢于海"。《兰亭集序》更是意境、情感、理趣、哲思完美结合的典范，学习本文，在准确把握文言现象、疏通文意的基础上，还应该注重对文章语言的鉴赏，即揣摩意境，感悟情感，探讨理趣。因此，教师在教授《兰亭集序》的过程中应紧紧抓住"鉴赏"二字，致力于培养学生的欣赏水平，这也体现了新课程标准中的"要致力于学生语文素养和整体能力的提高，重视积累、感悟和熏陶，重视语文运用能力和语感的培养"。

3. 背景分析

从某种意义上说，人类前行的历史，就是一部"问题史"。人类就是在不断地"发现、提出、解决问题"的过程中向前迈进的。从这个意义上讲，我们的教育无疑应当引导学生自主地发现、提出、解决各种问题。这一点，对于学生思维的提高是太重要了。而学生思维的提高与发展又是教育的一个终极目标，那就是"思维也是生产力"！

按照此逻辑，会有这样一个结论："发现问题"是基础。那么，师生活动的主要内容应是"学生问，教师或学生共同答"才对。"让学生回归到学前勇于探索的状态中"，对于思想活跃的学生而言，我们更应当着力培养他们"问"的精神。至于问完之后的结果，倒还在其次。

4. 主题确立

翻开《兰亭集序》，也就翻开了艺术最璀璨的一章，因为它的精彩无与伦比，因为它的妙文让人陶醉，这样情文并茂的美文，在给学生以丰富美感享受的同时，既能开发他们想象的空间，又能启迪学生对人生、生命的思考，给学生的情感世界以"生命的亮色"，它能引导学生认识生命的价值与美好。就思维的高度、思考的深度而言，让学生自己来思考并提出问题，老师在此基础上总结提升，进一步引发深层次的思考，这样的方法就是最佳的途径。

在课前研究阶段：以自学为主，通过课前自学初步理解文章，扫清阅读障碍。在此基础上，提出个人、小组的问题，并尝试解决问题。在课上研究阶段，通过讨论、交流、提升，解除疑惑，进一步理解作者的情感，并由此拓展思维的广度，延伸思考的深度，培养学生思考问题的能力。

自学要求：

（1）反复朗读，参照注解，初步理解文意，扫除阅读障碍，争取能背诵。

（2）借助下发的《兰亭集序》导学资料自学。

（3）侧重新文章的思想内容，提出疑难问题。（重点）

教师与学生共同解决问题，并由此激发学生对人生、生命、时光这些大话题持续性的思考。

5. 过程描述

将思考的乐趣还给孩子，让思考成为问题的底色。面对哲理性较强的《兰亭集序》，学生提出了如下有价值的问题：

（1）作者怎样理解人生？

（2）"集序"为何谈生死？

（3）本文主要写集会的愉快、大自然的美景，为什么还要谈到古人对生死的看法这种与美景不协调的内容？

（4）从第一段可看出作者已经很知足了，后面为何又感叹生命之短促呢？

（5）王羲之是不是活得有点累？

（6）作者是怎样将第一部分和后边对"人生玄理"的论述联系起来的？

（7）人人都知道生死大不相同，王羲之为何还要说"死生亦大矣"？

学生提出的问题，许多是教师意想不到的。在这样的教学中，教师得到了解放，学生也得到了解放；而且，学生的思路被打开了，我们何乐而不为呢？老师要做的是：针对学生的疑问，共同感受，并在此基础上，因势利导，提升高度，引发更深入的思考。为学生被激活的思维、被引发的思考、被澎湃起来的情感找到释疑的最佳途径，突破难点，引导学生理解本文貌似消极悲观实则积极的人生感慨，并能从中受到启发。

但它确实又是有难度的，它的难度在于对学生而言，除了文字的障碍外，还有不同时代的背景，这里有着不同的年龄跨度、不同的人生经历，故而在教学中，如何降低难度，自然带入艺术的境界，是需要多加考虑的。针对学生的问题，教师设计五个重要步骤：①时代背景；②自然美和社会美的不和谐；③由乐到悲的普遍性、可理解性及其透视"悲"情的丰富体会；④学生谈自己的体会；⑤写下对时光、生命、人生的感怀。

6. 反思小结

在课堂教学中，提高人文水准，品味自然诗意，关注社会人生，在正确方法的引导下，养成思考、思维的习惯，逐渐构建起精神的家园，这是我们期望学生能得到的收获。

关于生命的思考，是人类最重要的话题，教师如何巧妙引导，引发学生思考，不断感受《兰亭集序》层出不穷的深邃余韵；如何赋予这样的思想厚度，无疑是一个难点，但学生的思维能力、思维习惯是可以通过充分发挥学生的主体意识而有效地循序渐进地培养起来的。我们作为教师，感受再多，说得再好，也未必会融化为学生的知识与感悟。而主题的聚焦，无论抵达怎样的层面，都会成为学生持续思考、感受的新起点。

可以说，这种教学本身就带有较强的"研究性学习"的色彩，是对"研究性学习"的有益尝试。我们可以分以下几个阶段进行：

（1）提出问题。但不一定要回答得清清楚楚。以《兰亭集序》为例，一个班的同学共提出74个不同的问题，用心体会，有思考价值的有29个，我们会发现学生提出的问题，对老师都有启迪。

（2）解答问题。可以通过个人思考、集体讨论、师生合作、教师点拨等多种方式进行。

（3）发散思维。可根据提出的问题，试作回答，进而形成自己的看法，发表议论，书写感受，等等；

（4）自主设计。就是在学生思维得以提高之后，可以让学生自己尝试设计一节课的教学过程，这就是自学过程。

（《兰亭集序》"说教材"环节 姚咏梅老师提供）

专题二　科学确定教学目标

学习目标

1. 能够科学确定并陈述三维教学目标。
2. 能够陈述并正确理解确定教学目标的三个等级要求。
3. 能够根据教材的三维教学目标分析教材。

▶▶ 活动1 作为教师，我们每课都要写教学目标，根据语文学科的性质，请谈谈你对三维目标的理解以及三者（三维）之间的关系。为什么叫三维目标,而不是"三种"或"三类"？

▶▶ 活动2 请你谈谈下面三维目标的表述是否科学？

《孙权劝学》的教学目标

（1）了解文意，理解文章内容。

（2）把握本文刻画人物形象的方法。

（3）积累一些重要文言词语，提高阅读文言文的能力。

（4）使学生懂得学无止境的道理。

一、提出问题：如何提高教师"科学确定教学目标"的能力

"科学确定教学目标"的等级标准如表2-1所示。

表2-1　"科学确定教学目标"的等级标准

能力要点	合格	良好	优秀
科学确定教学目标	能够依据教学内容和学生情况确定符合课标要求的三维教学目标，逻辑严谨	能够依据教材内容和学情分析确定符合课标要求的，具有可操作性的三维教学目标	能够依据教材内容和学情分析以及二者之间的密切联系，确定符合课标要求的三维教学目标，使其具有可测评性

（一）对三维目标内涵的理解

关于三维目标，新课改方案中已提出多年，但在具体实施的过程中，有些教师总感觉很难把握，甚至在理解上出现了偏差，如不少教师把"过程与方法"理解为教师的教学过程和教学方法。所以，笔者认为有必要加以深究。

1. 知识与技能（一维）

所谓知识目标，这里主要指学生要学习的学科知识（教材中的间接知识）、意会知识（生活经验和社会经验等）、信息知识（通过多种信息渠道而获得的知识）。

知识目标表达举例（要注意行为主体、行为动词、行为条件和表现程度）：掌握文言重点词句，把握文章大意。

所谓技能，是指通过练习而形成的完成某种任务所必需的活动方式。

技能目标可为分四种：

（1）基本技能。如读、写、算的技能。

目标表达举例：通过学习，能正确地有感情地朗读课文。

（2）智力技能。如感知、记忆、想象、思维、推理等技能。

目标表达举例：通过学习，学会用实验与推理的科学方法来研究物体和认识物体。

（3）动作技能。如绘画、做操、打球等。

目标表达举例：通过学习，初步掌握前滚翻和后滚翻的基本要领。

（4）自我认知技能。即认知活动的自我调节和监控技能。如会自己做计划，会核对自己的成绩，会检查自己的解题方法是否合理、有效，会评价自己的作业水平等。

目标表达举例：通过学习，学会制订自主阅读计划。

2. 过程与方法（二维）

过去教学重结论轻过程，现在要求学生不仅知道简单的结论，更要知道一些过程，过去重教法，现在要重学法。

所谓过程，其本质是以学生认知为基础的知、情、意、行的培养和发展过程，是以智育为基础的德、智、体全面培养和发展的过程，是学生的兴趣、能力、性格、气质等个性品质全面培养和发展的过程。

3. 情感·态度·价值观（三维）

所谓情感，是指人的社会性需要是否得到满足时所产生的态度体验。人的情感表现状态有以下几种：

（1）表现为情绪。情绪是一种较低级的简单的情感，如愉快、激动、紧张等。

目标表达举例：通过学习，能产生愉快的感觉。

（2）表现为热情。一个人有政治热情，他就对祖国、民族、人民产生深厚的爱，并转化为力量和行为。一个人有学习热情，他就能潜心钻研，做出成绩。

目标表达举例：通过学习，能激发起爱国主义的情感。

（3）表现为兴趣。兴趣是强烈的吸引性和鲜明性的情感反映。

目标表达举例：通过学习，激发起探究自然科学的兴趣。学习法布尔的观察方法和探索精神。

（4）表现为动机。动机是情感冲动而出现的念头，它可以成为行动的驱动力。

目标表达举例：通过学习，激发起学习的动机，为完成学习任务而产生动力。

（5）表现为求知欲。它是在智力探究活动中，需要和愿望是否得到满足而产生的情感体验。

目标表达举例：通过学习，能满足学习的需要，从而产生求知的欲望。培养探究精神，养成自主阅读的习惯，拥有一份美好的乡土情怀。

（6）表现为道德体验。如敬佩、赞扬、羡慕等。

目标表达举例：通过学习，能对××人物感到敬佩……

（7）表现为美的体验。指对自然、艺术、社会行为美的情感体验。

目标表达举例：通过学习，学会鉴赏大自然的美。

所谓态度，这里不仅指学习态度和对学习的责任，还包括乐观的生活态度、求实的科学态度，宽容的人生态度等。

目标表达举例：通过学习，引导学生培养勤奋刻苦的学习精神。

所谓价值观，本指对问题的价值取向的认识，这里也可指学生对教学中问题的价值取向的认识、价值观不仅强调个人价值，更强调个人价值与社会价值的统一；不仅强调科学的价值，更强调科学价值与人文价值的统一；不仅强调人类的价值，更强调人类价值与自然价值的统一，从而使学生从内心确立起对真、善、美的价值追求以及人与自然和谐可持续发展的理念。

目标表达举例：通过学习，树立科学的、正确的人生观和价值观。

概而言之，在落实三维目标的过程中，要以"知识与技能目标"为主线，渗透"情感、态度、价值观"，并充分体现在学习探究的"过程与方法"中。

（二）三维目标的定义及三维目标之间的关系

语文课程标准把目标分为三个领域，叫三维目标，即知识与能力、过程与方法、情感态度与价值观。实际上，三维目标的三个维度之间相互依存、相互渗透，构成整体，彼此之间不能割裂和独立，也就是说，一个过程三维体系。但具体确定三维目标时要兼顾重点和全面，即在教学中，可以围绕某一课堂的教学事件、教学内容或教学任务，将三维目标予以整合。三维目标整合的心理机制如图2-1所示。

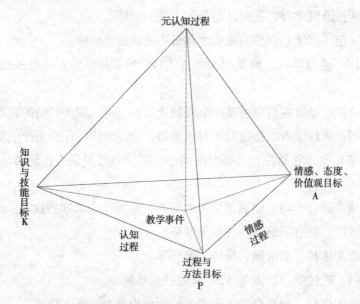

图 2-1　三维目标整合的心理机制

二、对于"科学确定教学目标"检核标准的解读

1．教学目标的基本方式

（1）采用结果性目标的方式，即明确告诉学生学习的结果是什么，所采用的行为动词要求明确、可操作、可测量。这种方式指向可以结果化的课程目标，主要应用于"知识与技能领域"，如"掌握文中重点字词的注音及释义"等。

（2）采用体验性或表现性目标的方式，即描述学生自己的心理感受、体验或明确安排学生表现的机会，所采用的行为动词往往是体验性的、过程性的，这种方式指向无须结果化的或难以结果化的课程目标，主要应用于"过程与方法""情感态度与价值观"领域，如"学习本文综合运用肖像描写、动作描写、语言描写等塑造人物的方法"等。

2．确定教学目标时一般要考虑以下四个因素

1）行为主体

教学目标应写成学生的学习行为而不是教师的教学行为，不能用"使学生……""让学生……""提高学生……"及"培养学生……"等描述，而用"能认出……""能解释……""能设计……""能写出……""对……作出评价"或"根据……对……进行分析"等描述。

2）行为动词

教学具体目标应采用可操作、可测评的行为动词来描述。传统应用的"了解""把握""知道""熟悉"等笼统的、含糊的，难以观察到的，仅表示内部心理过程的动词，往往难以测量，无法检验。而"认出""说出""描述""解释""说明""分析""评价""模拟""参与""讨论""交流""认同""拒绝"等词则是意义明确、易于观察、便于检验的行为动词。如有位

教师在写《海燕》这篇课文的教学目标时，写了"培养学生革命的大无畏精神，提高学生的写作技巧"。这种写法不仅行为主体不对，而且也无法操作和评价"革命的大无畏精神"和"学生的写作技巧"到底"进步"了多少。

3）行为条件

有时需要表明学生在什么情况下或什么范围内完成指定的学习活动，为评价提供参照的依据。如"通过分析概括厘清文章的脉络，探讨了解对比方法的作用"。

4）表现程度

指学生对目标所达到的表现水准，用以测量学习表现或学习结果所达到的程度。如"积累常见的'之''其''以'等文言虚词，能够正确翻译课文"。表述中的状语部分，便限定了目标水平的表现程度，以便检测。

3．科学确定教学目标的相关理论

布鲁姆将教学目标分为认知学习领域、动作技能学习领域和情感领域三个领域（方面）的目标。

每一领域由多个亚类别组成，子类间具有层次性。学习过程由下层向高层发展，下层目标是上层目标的支撑。

4．对结果指标的解读

"科学确定三维目标"的结果指标如表 2-2 所示。

表 2-2 "科学确定三维目标"的结果指标

等级	表述正确	具体可行	三个维度且有侧重	难度合理	三维之间有机融合
合格	＊	＊	＊		
良好	＊	＊	＊	＊	
优秀	＊	＊	＊	＊	＊

1）构成要素（操作要点）

（1）解读课标，处理宏观目的与具体目标的关系。

（2）分析教材内容，把握教学目标设定的维度（全面、重点、关系）。

（3）分析学情，协调教学目标与教学资源的关系。

（4）确定教学层次，定位教学目标的难度（学生的起点、学段目标）。

（5）合理表述，准确地表述教学目标（以学生为第一人称、用行为动词、体现行为条件和表现程度）。

2）在设计教学过程时，教师要思考的问题

（1）所讲的内容是不是在过程与方法的大环境下；

（2）设计的环节细不细、科学不科学，有没有梯度；

（3）对于需要经历一个长期过程的内容，如程序设计，怎样设计一个层次递进的过程。

5.对于科学确定教学目标的理解

本能力要点的合格、良好、优秀层级属于程度递进式，所以主要将本能力要点中涉及的名词、背后的深层理念等按照优秀层级的要求讲解清楚，在案例的列举中区分合格、良好与优秀。

例如人教版课程标准实验教材七年级上册《纸船——寄母亲》一文，这是著名作家冰心写的一首诗。诗中写自己在远离家乡的邮轮上，无心欣赏眼前的美景，而是每天眼含热泪，不停地专心、执着地叠着一只只纸船，然后一个个抛到海里，希望总会有一只飘到日夜想念的母亲身边。这是对日夜思念的母亲的呼唤，是献给母亲的一曲深情的赞歌。教学这篇文章，三维目标是：有感情地朗读课文，把握诗歌基调，培养学生鉴赏诗歌的能力；在师生同读、同议、同讲、同评中感受诗情，领悟诗意；体验至爱亲情，受到美的熏陶和感染，培养健康高尚的审美情趣和审美能力。在具体的教学过程中，这三维目标是无法分开的。

教师要让学生积极地走进文本，主动与文本对话，必须调动学生的情感投入，拨动学生的心弦，激发学生热爱母亲的情感，要把握作者对母亲的深情呼唤、热爱母亲的这一基调，这个知识和能力目标，只有让师生在认真诵读、体验诗歌的过程与方法中才能得以落实。而要完成培养学生鉴赏诗歌的能力这一更高要求的知识和能力目标，不仅要调动原有的相关知识与能力，更需要师生用心灵去阅读，在对诗歌同议、同讲、同评、同品，并读出诗情、领悟诗意的过程与方法中来加以落实。在整个品读、感悟的过程与方法中，情感的体验贯穿始终，学完全诗，学生自然会受到诗中至爱亲情的熏陶与感染，从而进一步去体会母爱，激发热爱母亲的情怀，提高审美判断能力。这样，将知识和能力与过程与方法有机融合，并把情感、态度和价值观渗透在方法学习的过程中，三维目标才能共同实现。

三、"科学确定教学目标"典型案例交流

案例1 （不合格层次：行为主体不科学，行为条件不明确，可操作性不强）

《秋天》案例片段

知识与能力目标：

（1）理解诗歌的内容。

（2）培养学生朗读诗歌的能力。

（3）掌握鉴赏诗歌的一般方法。

（4）培养学生对美的鉴赏能力。

过程与方法目标：

（1）加强诗歌的朗读技巧训练。

（2）重视对诗歌语言的揣摩、品味。

（3）通过音乐、图片与文字的结合提高效果。

（4）拓展延伸，培养学生自主学习的能力。

情感、态度价值观目标：

（1）培养学生感受美、欣赏美的情感。

（2）培养学生对诗歌语言文字的热爱之情。

（3）激发学生对自然、对生活的热爱之情。

【点评】

对《秋天》教学目标设计存在的问题在于行为主体不科学，行为动词不具体，行为条件不明确，可操作性不强。从上面目标的确定和表述上来看，虽然全面，但是问题仍然存在。主要有以下几个方面：

（1）行为主体不科学。正如我们前面所说，教学目标应该写成学生的行为，而不是教师的行为，应该用"对……作出……"，而不是"培养学生……"这样的词语。

（2）行为条件不明确。制定教学目标有时需要表明学生是在什么情况下或在什么范围内完成活动的，为评价提供参照的依据，可是类似于"培养学生对美的鉴赏能力""激发学生对自然对生活的热爱之情"等目标的行为条件却不够明确，并且由此造成了可操作性的弱化。

（3）将三维目标分割开来，没能将三者有机地渗透、融合。事实上，在教学中，三者是无法分开的；一篇文章共确定了11个目标，一般说来，在课堂上是难以达到的，也是不符合教学实际的；同时，其内容表述还有重复之嫌。在很多学校中，这样确定和表述新课程教学目标的现象比较普遍，值得探讨。

///案例2 （合格层次：行为主体科学，行为条件较明确，可操作性较差）

《孙权劝学》案例片段

教学目标：

（1）通过了解文意，理解文章内容。

（2）通过诵读，把握本文刻画人物形象的方法。

（3）通过积累一些重要文言词语，提高阅读文言文的能力。

（4）学生懂得学无止境的道理。

【点评】

该教师在描述"三维目标"时分三个维度来写。这说明教师希望尽可能达到课程标准的要求，但教师往往对知识与技能目标描述得最具体，而对让学生"经过……过程""体验到……""理解……""运用……""掌握……"等进行描述时，该教师的描述却还不是十分具体。因为当教师自己不太会描述教学目标时，说明教师本人对于本节课教学环节的设置以及解决教学重难点的策略还不是十分清晰，在这种情况下，就会出现照搬或拼凑的现象。因此，解决问题的关键是，引导教师建立新的知识观，理解学生获得知识、掌握技能、形成能力要经历哪些过程，理解这些过程对学生经验建构的意义与价值，正确理解"三维目标"的统一性和完整性。只有做到对学生认知过程的把握，教师才可能准确地确立和描述教学目标。

按照科学表述教学目标的要求，我们可以对前面《孙权劝学》的教学目标做以下调整：

知识和能力目标：能借助注释、工具书，读懂文意，并积累一些重要的文言词语。

过程和方法目标：通过诵读，揣摩人物说话时的语气，把握人物性格。

情感态度和价值观目标：通过阅读、体验、感悟，懂得学无止境的道理。

（以上可供参考）

上面教学目标的表述，与前面教学目标表述相比较，主要目标虽然一样，但实现的途径却大相径庭，前者是要求学生达到的结果，而后者则强调了在学习过程中的方法，是学生自己在参与体验中获得知识的过程、提高能力的过程。在这里，我们可以看到，达到"读懂文意"的途径和方法是"借助注释、工具书"；"把握人物性格"的方法是"诵读，揣摩人物说话时的语气"；"懂得学无止境的道理"这一情感态度目标，是借助"阅读、体验、感悟"来达到的。在这里，我们看到对三维目标的表述不只是教师的教学意图，而且是将三维目标有机地渗透融合。

三维目标是新课程目标的一个特点，对它的表述直接体现出教学者的教学理念，也反映出教学者的教学方法。作为教学设计的一个首要环节，我们应该根据新课标的理念去思考、去体现、去表述。只有这样，我们才能跟上新课程的步伐，真正走进新课程。

▰▰▰ 案例3（良好层次：行为动词具体，行为条件明确，便于操作）

《明月几时有》案例片段

知识和能力目标：

（1）掌握文体知识"词"。

（2）识记两大流派"豪放派"和"婉约派"及其代表词人。

（3）了解苏轼的生平及词作。

过程和方法目标：

（1）采用诵读法让学生熟悉课文。

（2）通过让学生概括词的上、下片内容来初步掌握词作的大意。

（3）学生分组讨论词作的艺术手法，从而进一步掌握词的特色。

（4）鉴赏名句，使学生通过经典语句领悟其意境，加深对全词的把握。

（5）拓展延伸，使学生能举一反三，在其他词作中较好地领悟其意境。

情感态度和价值观目标：

（1）感受词中浓浓的别离之情。

（2）珍惜身边之情。

（3）认识苏轼在该词中流露的情感有个人和社会等多种因素的影响。

【点评】

在上述《明月几时有》的教学目标中，"词"的文体知识、"豪放派"和"婉约派"的知识、苏轼的生平及词作固然属于语文基础知识，但学习和掌握这些知识也必须有个过程，也必然有方法问题，而且也不可能脱离情感态度和价值观，即使只是识记，也有识记的方法和体验问题。而通过诵读熟悉课文与概括词的内容来达成掌握词作大意、掌握词的艺术特色、品析鉴赏名句、领悟词的意境和举一反三领悟其他作品的意境这几项教学目标，固然要重视学习的过程和方法，但仅界定为过程和方法维度的教学目标，似乎有失偏颇。案例中设置的几项目标中，有哪一项不属于知识和能力的范畴？对词意的理解、对意境的把握、对诗词的鉴赏活动又怎么能离开情感态度和价值观？至于理解作者情感产生的个人和社会因素，也绝不可能是单纯的情感态度和价值观问题，如果没有《明月几时有》的具体词句作为载体，如果还不能读懂这首词的内容，如果还不知道苏轼的生平经历和当时的时代背景，那么这两项教学目标又怎么达成？而结合个人经历和社会背景来理解体会作者的情感，不正是学习方法问题吗？

三维目标是一个有机的整体，它们是相互联系、相互依存的，我们应该从整体的、系统的角度全面理解三维目标，绝不能将它们割裂开来，人为地、机械地预设三个维度的不同目标。

我们还是以《明月几时有》为例分析，掌握词和作者的有关知识、感知熟悉课文、概括词的内容、掌握词的艺术特色、品析鉴赏名句、领悟词的意境等，应该主要属于知识和能力维度的目标，这些教学目标的逐步达成，必然会促进学习过程的优化和学习方法的掌握，促进正确的情感态度和价值观的形成。因为作为一篇课文，《明月几时有》只是一个学习的范本，通过对课文的学习，我们当然要引导学生对祖国灿烂的古代文化有感性和理性的认识，同时我们也可以引导学生反思：在学习过程中，我们有没有发挥自己的主观能动性，自己的学习过程是否合理；感知、概括、掌握艺术特色，品析、鉴赏、领悟意境的方法和能力有没有提高；苏轼这首词的情感能否与我们今天的社会生活完全对应。这样，在知识和能力目标达成的同时，就促进了学习过程的优化和学习方法的掌握，也促进了正确的情感态度和价值观的形成。

反过来，学习方法的掌握、学习过程的优化、正确的情感态度和价值观的形成会进一步提高学生的学习能力，使其掌握的知识更全面和深刻。如果学生学会了历史地、辩证地分析古代作品，如果学生是从具体文本出发联系作者的个人经历和社会背景逐步深入地学习古代作品，如果学生还能够联系同时代的其他作者的作品来学习，那么他们对《明月几时有》的理解就会更加深刻，就会知道词中的情感是那个时代发展的必然，是苏轼个人情感发展的必然；就不会将"词中浓浓的别离之情"和"身边之情"机械地联系在一起，而是会在二者之间找到联系和不同之处，进行比较和分析，形成自己的理解。

教学目标的表述，也要注意体现三维目标的融合，上面所举的案例二，采用三个目标简单叠加的表述方法是不可取的，而案例三在目标的表述上就很好地体现了三维目标之间互相融合的关系。

▰▰▰ 案例4 （优秀层次：行为动词具体，行为条件明确，表现程度明确，可以明确操作、实施）

《生命　生命》案例片段

（1）知识和能力目标：

能借助"三读"（读通、读懂、读好）进行自主学习，乐于朗读，达到正确、流利、有感情地朗读课文。

（2）过程和方法目标：

通过体验、联系上下文等各种手段理解本课"肃然起敬""小憩""庸碌""擎天撼地"等词语的意思。

（3）情感态度和价值观目标：

体会作者的思想感情，理解生命的价值，体味生命的顽强和美好，同时能通过主题词，准确理解文意。

【点评】

上面这则案例，很准确地把握了三维目标的设定。知识和能力、过程和方法、情感态度和价值观这三维目标，构成了一个稳定的三角形底座，三者相辅相成，共同支撑起人的智慧和素养。知识和能力目标属于显性、短期的目标；过程和方法、情感态度和价值观目标则是隐性、长期的目标。假如课堂上我们出示的仅是显性的、短期的目标，学生遭遇的只能是一堆"死"的符号型的结论，势必造成单纯的知识传递，造成死记硬背和封闭僵化，使教学缺乏"人气"，缺乏生命活力。好的教学目标应是显性和隐性、短期和长期、预设和生成等目标的完美结合，既有知识、技能的增长，又有智慧、情感、信念、意志、价值观等的发展和生成，具有丰富的精神、文化、生活、生命的内涵。该案例中的目标设定，既有知识和能力（理解词语、正确流利有感情地朗读等），又注重过程和方法（"三读"的学习、体验或联系上下文等），还有情感态度和价值观的自然渗透（乐于朗读、体味生命的顽强和美好等）。

四、"科学确定教学目标"能力训练

▶▶ 任务 1

语文教学三维目标具有上述三维目标间关系所共有的特点。但是由于语文教学内容的特殊性，具体操作的时候，往往需要特别辨析一下。

下面以《胡同文化》为例，分析"认识和理解北京胡同文化"这一要求，究竟属于哪一目标维度？该怎样表述？

_____

_____

我们可以把它归为第三维度的目标，北京胡同文化是中华文化的组成部分，对它的认识和理解属于情感态度和价值观范畴；我们也可以把它归为第一维度的目标，北京胡同文化是本文的内容，对它的认识和理解属于基本的阅读能力要求。但是，作为高中语文教学，对本文内容的理解需要确定为教学目标吗？高中学生早已基本掌握理解通俗文章内容的能力。本文语文平实，学生基本可以通过自读理解课文内容。按照正常的情况，学生已经掌握的知识和能力，不需要在教学中确定为教学目标。于是，"认识和理解北京胡同文化"这一要求不应该被列为第一维度的目标，它可以被列为第三维度的目标。

有人要问了，北京胡同文化不是中华文化知识吗？是的。那么既然是中华文化知识，为什么不把它列为"知识和能力"目标呢？这又涉及语文教学中内容知识和目标知识的区分问题。语文教学最常用的材料是文本，凡是文本，必然会负载一些知识。而这些文本所负载的知识不一定是语文教学必须掌握的知识。比如课文《活版》所介绍的印刷知识、《大自然的语言》所介绍的物候知识。这样的知识，学生稍作了解，以期顺利地进行语文学习即可。它们都属于语文教学的内容知识，这样的知识掌握不好或者学过之后即便忘掉了，也不会影响语文教学效果。只有在语文教学中学生必须掌握的知识才属于目标知识，比如《〈论语〉十则》的内容就属于目标知识。目标知识掌握得不好或是学过之后忘掉了，会影响语文教学的效果。在语文课程中，北京胡同文化的知识显然不具备《〈论语〉十则》的知识所拥有的地位。

于是，根据上一部分论述的结论，"认识和理解北京胡同文化"应该当作情感态度和价值观目标，作为隐性目标负载在显性的"知识和能力"目标中，不宜单独列在教学目标中。

总的来说，三个维度的目标是彼此交融、相互渗透的关系。例如，在语文课程标准的总目标中，第1条强调在"语文学习中"，就涉及过程与方法；第2条是对各种文化的态度，也可以理解为对学习内容和能力的要求；第3条侧重语文学习习惯和方法，但"热爱祖国语言文字的情感"和"语文学习的自信心"又属于情感维度；第4条既讲能力，又讲态度，也讲方法，等等。后面五条虽然侧重知识与能力，但其中"注重情感体验""受到高尚情操与趣味的熏陶""学会阅读方法"又属于情感态度、过程方法维度。因此，要辩证地理解语文教学总目标，努力把握其基本精神。

▶▶ **任务2**

请老师们在以下供大家参考的列举描述目标的一些行为动词后面，填上相对应的语文学科常用行为动词。如表2-3所示。

表2-3　描述教学目标的行为动词

学习水平	常用行为动词	语文学科举例
知识	1. 了解——说出、背诵、辨认、回忆、选出、举例、列举、复述、描述、识别、再认等 2. 理解——解释、说明、阐明、比较、分类、归纳、概述、概括、判断、区别、提供、猜测、预测、估计、推断、检索、收集、整理等 3. 应用——应用、使用、质疑、辩护、设计、解决、撰写、拟定、检验、计划、总结、推广、证明、评价等	
技能	1. 技能——模拟、重复、再现、例证、临摹、扩展、缩写等 2. 独立操作——完成、表现、制定、解决、拟定、安装、绘制、测量、尝试、试验等 3. 迁移——联系、转换、灵活运用、举一反三、触类旁通等	
过程与方法	经历、感受、参加、参与、尝试、寻找、讨论、交流、合作、分享、参观、访问、考察、接触、体验等	
情感态度与价值观	1. 反应——遵守、拒绝、认可、认同、承认、接受、同意、反对、愿意、欣赏、称赞、喜欢、讨厌、感兴趣、关心、关注、重视、采用、采纳、支持、尊重、爱护、珍惜、蔑视、怀疑、摒弃、抵制、克服、拥护、帮助等 2.领悟——形成、养成、具有、热爱、树立、建立、坚持、保持、确立、追求等	

以下为某位老师根据表2-3要求所填的参考内容，如表2-4所示。

表2-4　参考内容

学习水平	常用行为动词	语文学科举例
知识	1. 了解——说出、背诵、辨认、回忆、选出、举例、列举、复述、描述、识别、再认等 2. 理解——解释、说明、阐明、比较、分类、归纳、概述、概括、判断、区别、提供、猜测、预测、估计、推断、检索、收集、整理等 3. 应用——应用、使用、质疑、辩护、设计、解决、撰写、拟定、检验、计划、总结、推广、证明、评价等	会写、读准、认识、学习、学会、把握、了解、写下、熟记理解、展示、扩展、使用、分析、区分、判断、获得、表现、扩大、拓展、评价、掌握、运用、懂得、联系上下文

续表

学习水平	常用行为动词	语文学科举例
技能	1. 技能——模拟、重复、再现、例证、临摹、扩展、缩写等 2. 独立操作——完成、表现、制定、解决、拟定、安装、绘制、测量、尝试、试验等 3. 迁移——联系、转换、灵活运用、举一反三、触类旁通等	讲述、表达、阅读、复述、诵读、写出、倾听、观察、朗读、推想、揣摩、想象、转述、讲述、选择、扩写、续写、改写、发现、借助、捕捉、提取、收集、修改
过程与方法	经历、感受、参加、参与、尝试、寻找、讨论、交流、合作、分享、参观、访问、考察、接触、体验	感受、尝试、体会、参加、发表意见、提出问题、讨论、积累、体验、策划、交流、制订计划、收藏、分享、合作、探讨、沟通、组织
情感态度与价值观	1. 反应——遵守、拒绝、认可、认同、承认、接受、同意、反对、愿意、欣赏、称赞、喜欢、讨厌、感兴趣、关心、关注、重视、采用、采纳、支持、尊重、爱护、珍惜、蔑视、怀疑、摒弃、抵制、克服、拥护、帮助等 2. 领悟——形成、养成、具有、热爱、树立、建立、坚持、保持、确立、追求等	喜欢、有……的愿望、体会、乐于、敢干、抵制、有兴趣、欣赏、感受、愿意、体味、尊重、理解（别人）、辨别（是非）、品味、关心、养成、领悟

五、考核与反思

（一）达标考核

有教师称"三维目标"分开表述的格式及搭配的行为动词是"现代八股文"。你认为强调书写规范和行为动词有无实际意义？搭配行为动词的依据是什么？

（二）分析反思

请分析以下案例的三维目标在表述方面存在的问题。

《最后一课》三维目标的表述

知识与技能目标：了解小说的要素。

过程与方法目标：分析主要人物，体会其内心世界；解读关键语句，理解小说主旨。

情感、态度、价值观目标：培养爱国情感。

【点评】

该案例存在的问题在于三维目标表述笼统，行为动词不够具体，可操作性不强。可以作以下调整：

知识与能力目标：了解小说的要素，学习文章塑造人物形象的写法，理解一些词语及句子的含义。

过程与方法目标：在老师的带领下反复朗读，对重点语句进行深入分析，了解小说的特点；在教学过程中注重引导和点拨，让学生学会分析，透过现象看本质，使学生能够初步掌握分析人物的方法。

情感、态度、价值观目标：感悟小说所表现的强烈的爱国主义精神，激发学生的爱国主义情感。

（三）参考内容

请你阅读《赤壁赋》三维目标的前因后果，并判断其属于哪个层级？请将界定层级的理由写在下面（依据结果指标）。

_____

_____

《赤壁赋》三维目标的前因后果

1. 教材定位

在现行高中语文教材中，《赤壁赋》分别被收录在不同的教学单元中：人教版高中语文教材收录在第四册第五单元；高中课程标准试验教科书收录在语文必修二第三单元；本次说课定位于第二种情况。

2. 学情分析

学生已经有了在初中学习文言文的基础，在高中必修一文言文单元的学习中，对于重要的文言实词、虚词及文言句式，已经有了一些直观经验的积累，独立阅读文言文的能力有了一定的基础，因此，现阶段学生在文言文的学习过程中有如下三个方面的需要：

（1）继续积累文言实词、虚词及文言句式。

（2）逐渐将重点转移到"鉴赏"的层面。

（3）尝试文言文阅读研究性学习。

3. 教学目标

知识与能力目标：了解赋的相关知识，积累文言实词、虚词及文言句式，诵读课文，整体把握文本内容。

过程与方法目标：反复体味文中优美的语言，提高语言感受能力；知人论世；与作者在同时期创作的其他作品比较阅读，深入理解文中包含的复杂情感和深刻内涵。

情感态度与价值观目标：了解苏轼的思想，学习古人豁达乐观的精神，提高自己的人生境界。

4.教学重点

文言实词、虚词及文言句式的积累；整体把握的文章思想内容；了解本文景、情、理统一的特点；在充分把握与鉴赏内容的基础上进行背诵。

5.教学难点

深入分析文章中蕴含的哲理，并作出评价，激发学生的探究精神。

6.突破难点

（1）介绍与课文相关的作者生平经历，并把两赋一词糅合起来理解，力求知人论世，较深入地把握作者的思想情感。

（2）反复诵读课文，体会文章的语言之美与意境之美。

专题三　有效设计教学活动

学习要点

1. 了解教学设计有效性的具体内涵。
2. 理解并运用有效设计教学活动的方法。
3. 依据教学内容有效设计教学活动。

一、问题的提出：如何培养教师"有效设计教学活动"的能力

　　课堂教学活动设计不仅是教师备好课写好教案的基础，更是反映教师教学能力、体现教师自身教学特色和风格的重要途径。将自己的教学活动设计得大胆创新，体现学科特点，用心、用情去渗透每一个环节、每一堂课，学生就会感受到教学活动所带来的令人意想不到的课堂氛围。设计有效的教学活动会让我们自己的课堂精彩无限，也会让我们的教学生活魅力四射。以学生为中心，根据学生的生活实际、心理需求、兴趣爱好、认知能力等整体特征，对整个教学活动进行精心系统的设计，会使教学过程更有效、教学目标顺利达成、教学效果如期实现，这就是有效设计教学活动的必要性。

▶▶ **活动 1**　问题驱动，讨论交流。

　　设计课堂教学活动，凝聚了教师的许多精华，既有教学经验、教学观念，也有教学智慧。所以，在设计教学活动时，讲究恰当的教学方法，合理安排教学流程，是我们需要完成的目标。

　　讨论：你认为怎样的教学活动是有效的？
　　请你将自己的理解在小组内和大家分享，通过交流讨论，将达成的共识写在横线上。

_____

_____

▶▶ **活动 2**　经验回顾，反思交流。

请结合自身教学经验，利用教学中自己对教学活动的设计，谈一谈在有效设计教学活动时自己的成功经验和失败教训，并反思自己在设计教学活动时存在的主要问题。

_____

_____

▶▶ **活动 3**　课堂实践，互动分享。

以《最后一课》为例，设计教学活动，与同伴分享你的设计，大家相互交流，探讨如何有效设计教学活动。

_____

"有效"一词是指能实现预期的目的。有效性是指"有效果"和"有效率"两个方面。有效果，指对教学活动结果与预期教学目标的吻合程度的评价，它通过考查学生的学习活动结果来衡量；有效率，可以用这样的公式表示：教学效率＝教学产出（效果）/教学投入，或教学效率＝有效教学时间/实际教学时间×100%。在设计教学活动时，不能一味地迎合学生的兴趣，更不能仅仅为取悦学生或活跃课堂气氛而设计，而应把知识的学习和能力的培养作为教学活动的目的。归根结底是要使学生学有所获、学有所成，教师务必做到兼顾有效设计教学活动以激发学生的兴趣并突出重点难点两个方面。

编者的话

教学活动通常指的是以教学班为单位的课堂教学活动。它是学校教学工作的基本形式。教学活动是一个完整的教学系统，它是由一个个相互联系、前后衔接的环节构成的。教学活动的基本环节就是指教学活动的一个个各具不同功能的不同阶段。我们要提高教学质量，必须认真研究教学活动的基本环节，并对这些环节提出质量要求。

教学活动是施教者在一定教学环境中通过合适的教学内容和恰当的教学方法对受教者进行教学，达到教学目的的过程。也就是说，教学活动是施教者（教师）按照一定的教学原则通过恰当的教学方法和教学内容，达到对受教者进行传授客观性知识、锻炼技能、启迪智慧、引导正确的价值观和激发积极情感体验的教育活动。

教学活动可以有很多种分类。如，按照活动的性质，可分为自主学习活动、协作学习活动和研究性学习活动；按照与网络的关系，可分为在线学习活动、面对面学习活动和混合式学习活动；按照活动时间长短以及成员之间的关系，可分为正式学习活动和非正式学习活动等。这些分类并不是绝对的，而是相对的、交叉的，中间重叠的部分可能很多。例如，研究性学习活动中就可能包含自主学习活动与协作学习活动，在线学习活动也可能包括在线协作活动与在线探究活动。

二、对于"有效设计教学活动"检核标准的解读

（一）检核标准

《北京市朝阳区教师教学基本能力检核标准》对有效设计教学活动的检核标准的表述如表3-1所示。

表3-1 "有效设计教学活动"检核标准

能力要点	合　格	良　好	优　秀
有效设计教学活动	能够围绕教学目标设计教学活动，并能设计对教学活动完成情况的检测方案	能够围绕教学目标设计具有连贯性的教学活动，并能有针对性地设计对教学活动完成情况的检测方案	能够设计激发学生思维和情感的教学活动，并能对课堂可能生成的问题设计预案

（二）对结果指标的解读

对结果指标的解读如表3-2所示。

表3-2 "有效设计教学活动"结果指标

能力要点的标准	结果指标
有效设计教学活动	1. 重点活动的设计能够保证重要目标的落实 2. 活动能够激发学生的学习积极性，启发学生思维 3. 对活动间的联系进行了设计，对活动效果的观测有预案

为了验证教学活动的有效性，教师可以在备课、上课和课后反思如下三个简要问题：

（1）我要教什么？

例如：教学目的与重点难点是什么？重点如何强化？难点如何突破？

（2）学生学到了什么？

例如：教学效果如何？学生是否有体验成功的机会？

（3）我所教的学生学到了多少？

例如：哪些内容学生没有学好？为什么？

课堂教学有效性就是在教学活动中，教师通过教学过程的合规律性，成功引起、维持和促进学生的学习，相对有效地达到预期教学效果的教学。再说得具体一些，教学有效性是指通过教师的组织、引导、启发，学生能获得具体的进步或发展。

例如：教学活动设计板块化。现在的课堂教学倡导开放、民主，所以板块化的教学流

程比较适宜这样的教学。这里的板块化是指教学结构板块。一堂课总是有几个相对独立而又彼此联系的教学结构，这些结构大多由几个或多个问题情境组成，这就构成了教学板块。然后就在板块的牵动下，由教师、学生共同商讨，以交往互动为主要方式确定教学思路，生成教学过程，达到教学目标。这种教学活动设计有利于发挥课程、教材、教师、学生的整合优势，整体推进培养目标。板块式教学把语文教学看成一个有机的、不可肢解的整体，每个板块都有一个集中的问题情境，有较大的课文覆盖面，有较强的对外辐射力，有"牵一发动全身"的功能。

课改专家、华东师大崔允漷博士说："教学有没有效率，并不是指教师有没有教完内容或教得认真不认真，而是指学生有没有学到什么或学得好不好。如果学生不想学或者学习没有收获，即使教师教得很辛苦，也是无效教学。同样，如果学生学得很辛苦，但没有得到应有的发展，也是无效或低效教学。有效的语文教学会让学生在课堂上愉悦心情，放飞心灵，张扬个性；师生激情澎湃，思维灵动，情感交融。通过教师、文本、学生三者之间的对话，能引领师生亲身体验语文的内在美，让语文进入师生的内心世界，进而内化为深厚的文化底蕴，让课堂成为师生生命共同成长的课堂。这样的教学才是有效的教学。"

三、"有效设计教学活动"典型案例交流

▰▰▰ 案例1 （不合格层次：能够围绕教学目标设计教学活动，但是设计缺乏逻辑性）

《皇帝的新装》案例片段

品读文章，探究内容：

快速阅读文章，思考下面问题，及时做批注。

（1）两个骗子用什么手段取得了皇帝的信任？

（2）皇帝派了诚实的老大臣去看织布，老大臣看到了什么？他为什么不敢说真话？从课文中找出能说明这个问题的语句。

（3）皇帝又派了另外一位诚实的官员去看织布，这位诚实的官员看到了什么？他为什么不敢说真话？从课文中找出能说明这个问题的语句。

（4）跟着皇帝来的全体随员怎么评价骗子织的衣料？他们提出了什么建议？

（5）皇帝亲自来看织布，那两位诚实的官员为什么要抢先介绍？

（6）皇帝在随从人员的陪同下亲自来看织布，他看到了什么？皇帝为什么也不敢说真话？从课文中找出能说明这个问题的语句。

【点评】

善于发现问题、提出问题，是一切发明创造的基础。"最精湛的教学艺术，遵循的最高

准则就是让学生自己提问题。"所以，教师在教学中须切实重视培养学生的问题意识，让学生在创新中学习，使学生的素质得以全面发展。在该教学活动设计中，有六个问题呈现，关注了问题意识的培养，但是这六个问题过于琐碎，且没有层递性逻辑关系，只是问题的简单堆砌，没有对学生的思维进行训练，暴露出缺乏对学生活动设计的问题。

▨▨▨ 案例2（合格教学活动设计：能够围绕教学目标设计教学活动，并能设计对教学活动完成情况的检测方案）

以《大道之行也》的教学活动设计为例，如表3-3所示。

表3-3　《大道之行也》教学活动设计

课题	大道之行也		
教学目标	（1）通过自学课文，提高学生对文言文的学习能力 （2）通过研读课外文章，提高学生对课外文言文的学习能力 （3）通过比较两种社会形态，培养学生的思辨意识和能力 （4）通过认识理想社会的真正内涵，激发学生的爱国热情		
教学重点	（1）通过自学课文，提高学生对文言文的学习能力 （2）通过研读课外文章，提高学生对课外文言文的学习能力		
教学难点	（1）通过比较两种社会形态，培养学生的思辨意识和能力 （2）通过认识理想社会的真正内涵，激发学生的爱国热情		
教学过程			
环节	教师活动	学生活动	设计意图
导入	春秋战国时期，百家争鸣，催生了一系列具有深远影响的思想流派，他们有着不同的政治理想和施政主张，也有着各自不同的理想社会形态——大同社会和小国寡民。二者究竟孰优孰劣？今天，就让我们一起回到那个百花齐放的时代，寻找答案	诵读活动： 《大道之行也》 《小国寡民》	熟悉文章，扫清阅读障碍
	（1）文学常识介绍 孔子与儒家 老子与道家 （2）翻译课文 （3）课文知识"连连看"	猜一猜，大同社会和小国寡民分别是哪个流派的主张？ 儒家：大同社会 道家：小国寡民 分组自学课文，解决课文知识点，翻译课文，板书重点词汇的意思	提升自主学习文言文的能力，并帮助学生进行课外拓展

续表

课题	大道之行也		
	1. 比较两种不同社会形态的异同之处 2. 你认为哪种社会形态实现的可能性比较大？或你比较赞同哪种社会形态 3.《桃花源记》中所描述的桃花源，是"大同社会"还是"小国寡民"	同：都是理想的社会形态，社会状态都很和谐，人民道德感和幸福指数都比较高，没有战争 异：大同社会是国家统治之下的理想形态，小国寡民是人民自我管理之下的和谐状态；大同社会中依然有国家机器和阶级统治，小国寡民中政府的作用被弱化	联系在《桃花源记》中所学的知识，培养学生的思辨意识和能力
小结	"小国"不小，"大同"不大，和谐社会的核心必须以人民的和谐发展为基础，无论是小国寡民还是大同社会，都代表了古代人民对于美好社会的朴素理想。同学们，国家的发展离不开人才，你们就是国家需要的人才，实现理想的社会，希望在你们身上啊！这既是现实的需要，也是先哲赋予我们的历史使命		激发学生的爱国精神

【点评】

该教学设计的教学目标较好地体现了三个维度，即文言文学习能力、学科思辨意识和价值观引导，具体的教学行为也都围绕教学目标展开，每一个阶段的教学活动都能够设计出相应的检测方案。但是教学活动的针对性不强，对课堂生成性问题的预估也不足，因此评定为合格等级。

////案例3（良好层次：能够围绕教学目标设计具有连贯性的教学活动，并能有针对性地设计对教学活动完成情况的检测方案）

《台阶》教学设计

教学目标：

（1）通过对文章内容的理解，明确台阶的特殊含义；

（2）把握父亲形象的特点，体会作者的情感；

（3）联系实际感悟真情，懂得尊重父亲、理解父亲。

教学重点：

抓住故事情节和细节描写，分析父亲形象，理解作者的思想感情。

教学难点：

把握父亲形象的特点，理解人物的典型意义。

环节一：导入新课，激发兴趣。

导入：在过去的两周里，我们领略了阿长的纯朴、老王的善良、信客的忠诚，感悟到了朱自清先生作为父亲对儿女那深沉而厚重的爱。我们可以看到他们虽是名家笔下的人物，但作者把他们作为普通人的一面表现得淋漓尽致。今天我们继续关注普通人，让我们走进李森祥的小说《台阶》，去关注另一类父亲的生活画卷，让我们一起去感受父辈那深沉而凝重的精神世界吧！

意图：通过与本单元其他课文中人物形象的对比引起学生的思考，激发学生的学习兴趣。

环节二：诵读感知，整体把握。

1. 复述课文内容。

（1）我小时候……

（2）我长大后……

意图：检查预习作业，整体感知课文。

2. 文章的故事情节都是围绕台阶展开的，那么让我们从台阶入手，体会文章写出了我们与台阶之间都发生了哪些事情？

意图：厘清故事情节，明确线索。

环节三：分析情节，揣摩人物。

1. 依据情节的发展，找出与父亲相关的细节描写，归纳父亲的性格特点。

（1）新旧台阶建造过程的对比；

（2）新旧台阶带来的感觉对比。

意图：明确造台阶的意义。

2. 文章主要写的是父亲在造台阶时的所作所为，为何以台阶为题？

意图：明确台阶的含义。

3. 小结：台阶是本文的线索。

完成句子：台阶是父亲的_____；为了台阶，父亲_____。

意图：明确父亲与台阶的关系。

4. 台阶就是父亲的理想，就是父亲的尊严。作为儿子，"我"理解父亲吗？"我"眼中的父亲是一个怎样的人？

意图：归纳总结父亲的形象。

5. "我"对父亲的思想情感是怎样变化的？而这种复杂的感情最后凝聚在哪一句话上？如何理解？

"父亲老了。"包含着对父亲的尊重。

意图：体会作者的情感

6. 体味"父亲老了"这句话中"老"的含义？

"老"不仅指父亲年事已高，身体受伤，无法再操持农活；还指儿子感受到父亲心灵世界的"老化"——父亲不但失去了健康，还失去了奋斗目标。

包含着对父亲的尊重和怜悯。

明确：

老实厚道、低眉顺眼了一辈子的父亲通过自己艰苦卓绝的劳动终于把台阶筑高到九级。父亲为子女造了一座高台阶的房子，尽管自己"老"了，但他深爱的子女得到了幸福。他告诉我们，要获得幸福就必须奋斗，而要奋斗，就要付出，就要付出时间与精力。这种父爱是那么无私，父亲用了一生去实现它。

环节四：小结全文。

我们可以看到父亲的形象在文中并不算完美。但不完美乃是生活的本色、人生的本色。不完美的人生才是"真"的人生。所以，当"残缺"成为必然的时候，在"真"之上的"美"才会更加耀眼。

作者用非常感人的笔调描绘了父亲造屋的艰难，但字里行间，我们感受到的更多的是劳动的美和劳动者的美。劳动中的父亲是挺拔的、乐观的、自信的。他能够从劳动中感受人的尊严和幸福。

【点评】

《台阶》是人教版语文八年级上册第二单元的一篇短篇小说，以父亲为描述对象。通过作者的描写，我们清楚地认识到父亲是一个普普通通的农民，他具有农民朴实、淳朴、无私的精神，而且敢于拼搏。本文以父亲为主要描述对象，但此文并非只表现父亲，而是在表现一代农民形象，所以，文中的父亲除了具有农民的老实、厚道、要强、勤劳、朴实等品质外，更是一个用劳动证明自己存在价值从而赢得别人尊重的人。

让学生说说故事梗概，是让学生静下心来走进文本，复述课文，这就要求学生在默读的过程中把握要点，真正做到读进去。然后通过复述故事，学生能够初步把握情节，对人物也有一个初步感知，用自己的心灵去感受作者的心灵。围绕台阶设置问题，目的是让学生关注与台阶有着密切关系的父亲，通过抓住关键词句赏析人物。让学生自己感悟父亲身上勤劳、质朴又有所追求的品质，引导学生理解父亲这个形象的意蕴。

本课通过问题设问的教学策略，依据教学需要，在课堂关键之处巧妙设问，设计教学活动，通过问题的层级深入，达到了教学目的。

案例4（优秀层次：能够设计激发学生思维和情感的教学活动，并能对课堂可能生成的问题有预设）

《散步》课堂实录

（执教者：余映潮）

师：同学们，我们今天学习《散步》。请翻开课文，接着老师的话来说话：让我们走进美文《散步》，这里有……

生：浓浓的亲情。

师：亲情。

生：一个动人的故事。

师：故事。

生：生机勃勃的春意。

师：景色。

生：深刻的体会。

师：感悟。

生：责任感。

生：和谐的家庭气氛。

师：说得都很好啊！请一起读起来（屏幕显示）：

让我们一起走进美文《散步》——那里有南方初春的田野，有铺展着生命的新绿，有阳光下的金色菜花，有水波粼粼的鱼塘……还有一家人相亲相爱的情感涟漪……

（生齐读）

师：看，"它"比你们说得生动些啊。

师：这节课我们做三件事（屏幕显示）：

我们的阅读活动：理解文意、朗读课文、品味语言。

师：现在我们开始第一个阅读活动（屏幕显示）：

建议你这样理解文意：试着给文章再拟一个标题，这个的标题能够表示你读出了课文的味道。

师：大家请注意，老师并没有这样说——"这个标题表示你读出了这篇课文的主题"，而是说——"这个标题表示你读出了课文的味道"，这个味道要通过你拟的标题来表现。

生：我拟的标题是《分歧》。

师：你是抓住了课文里的波澜、故事里面的一个分歧，来表示你读出了课文的味道。

生：我认为标题可以拟为《美》，因为课文很美，里面有爱。

师："美"字也可以表示你读出了课文的味道。但是从这个标题看，表现的范围大了点，可以给这个标题加个起限制作用的词。

生：可以用"关爱"两个字，因为这一家人都互相关爱着。

师：《关爱之美》——因为有三代人浓浓的亲情。

生：我拟的是《温情的春天》。

师：有诗意。春天暗示一种生命力、一种暖意。

生：可以把标题拟为《大路还是小路》。因为一个分歧更能表现决定的重要性、更能体现责任感。

师：《大路还是小路》，建议你把"还是"两个字去掉。

生：我拟的是《爱·责任》。

师：中年人的责任感。好，大家说了一些。我们再来看看大屏幕（屏幕显示，教师讲述）

如《三代同行》这个标题，课文中对此就表现得很充分："我们在田野上散步：我，我的母亲，我的妻子和儿子。""前面也是妈妈和儿子，后面也是妈妈和儿子。"

如《幸福的家庭》《亲情无边》《分歧》《大路小路》《责任》《背起整个世界》；又如《春意》《呵护》《生命》《小事情深》《选择》《温馨瞬间》……

师：上面这些标题都是可以的。但是让我们把目光聚焦到《散步》，这么多标题比较一下，老师认为还是《散步》好。为什么？哪个同学帮我来回答一下？

生："散步"两个字写了我们一家三代人去散步的故事。

师："散步"本身就有故事在里面。

生："散步"写了一家人的亲情。

师："散步"有亲情在里面。

生："散步"会让我们想到谁在散步。

师：还有人物在里面。

生："散步"里面还表现了浓浓的亲情。

师：大家给"散步"赋予了新的含义，前面大家试拟的好多标题的含义"散步"二字已包含其中，啊，还是《散步》这个标题好啊。好，请看大屏幕（屏幕显示，教师讲述）：

要说本文的标题，还是《散步》好。它简明、准确、含蓄、有情致、有画面感、有故事味。

师："理解文意"这个活动，我们就进行到这里，下面我们进入"朗读课文"的学习活动。（屏幕显示）

建议你这样朗读课文：

（1）中速、深情地朗读课文，好像作者写完文章后欣赏自己的作品一样。

（学生朗读课文。师板书：朗读的情味感。生略作停顿，看完板书后有所悟，继续朗读。全班同学读毕。）

师：我们再次朗读（屏幕显示）

（2）读出文中的波澜，好像你一个人在扮演着故事中的几个角色一样。

师：注意"角色"两个字，注意朗读的重音，注意文中的波澜在6、7两段。先听老师讲一下："不过，一切都取决于我"，这个"都"字读重一点；"她早习惯听从我的安排"，"早"字读重一点；"还习惯听从他高大的父亲"，"还"字读重一点；"妻子呢？很顾及我的面子，在外面她总是听我的"，"在外面""总"要重读，还有，"我决定走大路"，"走大路"这三个字要读出一个思维决定的过程，"还是走小路吧"要流露出母亲对孙子的疼爱。

（学生再次朗读。全班同学读毕。屏幕显示）

（3）朗读课文最后一段，好像你是带着深深的体会给大家做示范朗读一样。

师：谁来自告奋勇地做示范朗读？（某生起来读最后一段）

师：有没有向他挑战的？（某生读最后一段）

师：已经不错了，继续挑战，不要放弃！（某生读最后一段）

师：三位同学水平相当，都很流畅，都很注重情感表达，重音也咬得准，弱点是：①语速太慢；②语速无变化；③几个重要的字音没有读好：如"我蹲下来，妻子也蹲下来"，这两个"蹲"字要读出味道；还有，"慢慢地""稳稳地"要读得稍慢点；"整个世界"四个字，读起来很轻又好像很重，要读出一种意味感。

（生自由朗读课文最后一段）

（屏幕显示，教师讲述）：要说朗读这篇文章，主要需注意这样一些朗读的感觉：速度感、情节感、重音感、意味感。

师：好，现在让我们一起来品味语言。（屏幕显示）建议大家这样来品味语言：以"字、词、句、段对人物的表现作用"为话题，自选文句并联系上下文，用简洁的语言进行点评。

师：先看老师的举例：如这样一句："我们在田野上散步：我，我的母亲，我的妻子和儿子。"

老师是这样品味的："散步"紧紧扣题，全句点明了故事发生的地点、人物。全句很有意味，不用"三代人散步"，而用现在的写法，表现出了浓浓的亲情。"我"这个字摆的地方很重要，表现出"我"的一种责任感。作者没有写成"我的母亲、我、我的妻子和儿子"，而是把"我"放在首位，很巧妙地把"我"的责任感表现出来了。这个句子的句式很美，这样写很庄重，也表现出"散步"在"我"心中是一件很重要的事情。

这样，这个句子就从多个角度表现了人物。好，下面每位同学在课文中找一个句子，再谈谈这个句子对人物的表现作用。（学生活动）

生："今年的春天来得太迟，太迟了，有一些老人挺不住。"这句中的"太迟，太迟了"写出了我的感慨。

师：还写出了"我"对春天的到来盼望已久的心情。

生："我"选择走大路，说明"我"尊重母亲；母亲改变主意走小路，说明母亲对孙子的疼爱；"我"听从了母亲的话，又体现了我的孝顺，体现了散步的融洽。

师：在幸福的家庭中，爱是相互的。

生："我的母亲又熬过了一个严冬"在这句中，"熬"是不容易度过的意思，体现了我对母亲的关怀，说明"我"是个孝顺的儿子。

师：看到母亲度过了严冬，儿子心中满是欢喜。

生："小家伙突然叫起来：前面也是妈妈和儿子，后面也是妈妈和儿子。"这句话写得很活泼，有情趣。表现了一家人幸福的感觉。

师：有情趣。作者运用反复手法，表现了小孩的童趣、纯真。从小孩子的角度，表现了家庭的和谐。

生："不过，一切都取决于我。"这句话点明了"我"在家中的地位；"霎时我感到了责任的重大。"这句话写出了他既要照顾母亲，又要疼爱儿子。

师：体现了中年人的责任感。

生："这南方初春的田野，大块小块的新绿随意地铺着，有的浓，有的淡；树上的嫩芽也密了；田里的冬水也咕咕地起着水泡。这一切都使人想着一样东西——生命。"这里的环境描写好，写出了春天的美丽景色。

师：这里透露出春的气息，表现了昂扬的生命力，是散步的美好背景。

生：第五段第一句话。"我和母亲走在前面，我的妻子和儿子走在后面。"我好像看到了四个人散步的位置，有协调性。

师：你是在想象画面。这里的氛围表现得很好，读起来让人觉得甜甜的。

生：文章中最后一句话："但我和妻子都是慢慢地、稳稳地，走得很仔细，好像我背上的同她背上的加起来，就是整个世界。"既点明主题，又升华主题。

师：这句话意味深长。"整个世界"令人回味无穷。它写出了关爱、呵护——关爱下一代，呵护老一辈。

生：最后一段第一句："这样，我们在阳光下，向着那菜花、桑树和鱼塘走去。"虽然一家人发生了分歧，但是依然很融洽。"菜花"二字在我们眼前发展现出一幅美丽的画面。

师：这里似乎还带着点象征的味道：一切是多么的美好啊。

师：今天大家的发言很精彩，说到对这篇文章语言的欣赏，我们可重点关注"句子"。要品味它们的造型美、用词美、情趣美、蕴意美，要感受到它们对我们心灵的熏陶。

好，同学们，我们就要走出美文《散步》了。（屏幕显示）在我们就要走出美文《散步》的时候，让我们一起深情地吟诵文中最后一段……（师生一起吟诵）

这样，我们在阳光下，向着那菜花、桑树和鱼塘走去。到了一处，我蹲下来，背起了母亲；妻子也蹲下来，背起了儿子。我的母亲虽然高大，然而很瘦，自然不算重；儿子虽然很胖，毕竟幼小，自然也轻。但我和妻子都是慢慢地、稳稳地，走得很仔细，好像我背上的同她背上的加起来，就是整个世界。（师宣布下课）

（选自于漪，刘远:《余映潮讲语文》）

【点评】

本节课的教学活动设计有如下特点：

（1）目标引路——执教者首先明确了本节课的教学目标，学生有了努力的方向；

（2）拟标题，解文意——学生能够用简洁的标题概括文意，说明学生已经初步理解把握了主要内容；

（3）换角度，多朗读——引导学生在朗读的过程中进一步把握文章的整体内容，体验蕴含其中的情感。

（4）析语境，品语言——引领学生在具体的语境中品味语言的精妙。

四个教学活动形成层层深入的一个整体，引领学生从整体把握文意开始，逐渐走进作者的情感世界，领悟到文章的深刻内涵。更值得借鉴的是，本节课使用的策略不是"单摆浮搁""单打独斗"，而是形成一个"板块"，相互联系，相互融合。

尤其值得称道的是，教师在教学活动设计之初，就把教学生学会阅读作为自己的教学目标了。因此，在朗读课文环节，着重于指点学生掌握朗读方法，如何整体上朗读，如何读出波澜，如何设身处地"扮演着故事中的几个角色"，这是本真的语文阅读教学。

这篇教学活动设计，开课揭题，直入情景；侧面入手，正面解读；诗意朗读，角度细腻；挈领而顿，百毛皆顺；结而不尽，余味犹存。从教学实录来看，教学思路清晰，教学流程有序。如此从整体上设计教学活动，课堂才会这般流畅。

四、"有效设计教学活动"能力训练

设计课堂教学活动不仅是教师备好课写好教案的基础，更是反映教师教学能力、体现教师自身教学特色和风格的重要途径。要提高课堂教学质量，必须优化课堂教学活动设计，下面针对如何有效设计教学活动谈几点看法。

（一）"有效设计教学活动"的要素

要达到课堂教学的高效，要使学生发挥课堂主体精神，使课堂成为师生勃发生命溢彩的精神乐园，要着重研究以下几个方面的内容：

1．目标制定的有效性

课堂教学目标是课堂教学的出发点和归宿，是课堂教学的核心和灵魂，它直接制约着教学内容、教学策略、教学媒体、教学组织形式、教学评价等各个方面，起着纲举目张的作用。合理可行的教学目标，有助于教师选择和使用有效的教学策略，帮助学生更好地学习，对教学活动具有导向、指引、操作和调控等功能，从而实现有效的课堂教学。

（1）目标接近学生"最近发展区"。培养学生各方面的能力和思维品质，陶冶学生的道德情感等目标，也要有明确的规定。一般应根据本班学生的语文实际水平与能力制定一堂课、一篇课文的教学目标。当然，学生的各方面知识与能力是参差不齐的，要根据学生的认知结构、学习水平、动机意志等的差异，制定不同层次的教学目标，一般按照"最近发展区"理论把获得某种知识所需时间和认知发展水平大体相当的学生进行归类分层，并确定与各层次学生的实际可能性相协调的分层教学目标，这样可提高教学效率。

（2）根据学情确定目标。一个班级有几十个学生，每个学生情况各异，所以备课时要考虑各个学生的具体情况。对基础较好的学生，可以提出较高的要求；对基础较差的学生，可以提出较低的要求，也可以由学生视自己的情况自定学习目标。这样，使不同层次的学生都能达到相应的目标，都能得到发展。所以，教师要用发展的眼光来看待学生，因人而异，认真研究教学内容，精心设计教学活动，恰当提出教学目标，以期收到最佳的教学效果。

2．教学预设的有效性

教学预设，说得通俗一点就是备课。备课就是指教师研究教材，研究学生，研究教学方法，研究教学过程，设计好一份教学方案的过程。凡事"预则立，不预则废"，我们也强调不备课不能进课堂。因为课堂教学是有目标、有计划的活动，它需要教师课前作出周密的策划。没有教学预设的课堂，必定是无法实施有效教学的。因此，教师在教学预设时要深入钻研教材，准确把握教材的内容和实质；要心中有学生，从学生的需求出发，考虑是否有利于学生的发展；要引导学生质疑问难、探究尝试、拓展开发，要为教学过程中的动态生成积极创设条件。

（1）教学预设要充分。任何一堂成功的课无不是进行充分的预设，没有预设的课，肯定不会是一堂优秀的课。缺少精心预设的教学是不完善的，而不认真进行预设的教学是不负责任的。因此，要获得有效的课堂教学，就必须进行有效的预设。

（2）钻研教材要透彻。教材无非是个例子。新课程强调"教师是课程""教师是教材"，倡导教师依照自己的专业理念与水平对教材进行创造性处理，运用教学机智进行反思性教学，有利于提升教学情境的适应性和教学实践的合理性。所以教师要融入自己的科学精神和智慧，立足大语文的角度和语文课的总目标，对教材中的文本进行深度地钻研，对文本内容融会贯通，再进行教学重组和整合，选取更好的角度或切入点对文本进行深加工、预设，设计出活生生的、丰富多彩的课来，并充分有效地将文本知识激活、串连，形成教师的教学个性、教学特色，从而达到高效。

3．动态生成的有效性

如果说预设是枝，那么生成是叶，二者相辅相成。有枝无叶不丰，有叶无枝不实。精心备课是一种预设。有了精心的预设，上课时才能做到心中有数，胸有成竹。而如果有了精心的预设，教师却按部就班，仅仅是完成教学任务，这样又显得太枯燥，课堂缺少了一种灵气与活力。课堂的生成，有教学资源的生成，还有教学过程的生成。而生成有效的关键因素是要求教师做到目中有人，做学生平等中的首席，时刻关注每位学生的一举一动。只有教师用自己的智慧与学生的思维轻轻碰撞，才能产生静池中的一缕缕波纹，或激起一阵阵浪花。课堂生成的价值，就在于让课堂荡起理性的清风与诗般的涟漪。这样才能真正实现动态生成的有效性。

4．教学内容的有效组织

教师组织教学内容时，应注意以下问题。

（1）教学内容的深度广度恰当，既要有利于发展学生的"潜在水平"，又要与学生的"现有水平"相衔接。

（2）教学容量合适。既要避免容量过大，完不成教学任务，又要力戒容量小、密度疏，学生因吃不饱而"开小差"。

（3）教学内容要重点突出，对难点要有突破措施。对多数学生熟悉、理解的内容，教师只作提示和点拨，引导学生调动自身认知结构中的有关知识即可；对重点内容，则不惜采取多种形式和方法调动学生的注意力，充分理解教材；对难点内容，应分析其产生的原因，提出有针对性的解决措施。

（4）教学内容的组织、排列、呈现方式要恰当，练习的配置、解决的方式方法要精心设计。

（5）在注意传授知识的同时，要充分挖掘教材中蕴含的智力因素和非智力因素，培养学生的能力和非智力品质。

5．教学方法的恰当选择

根据教学目标、教学内容、教师素质与个性特点、学生年龄特征与学习特点等的差异，教师应选择与运用不同的教学方法。

（二）"有效设计教学活动的"的要求

1．依据课程标准和学情，设计教学目标

确定教学目标是设计教学活动的起点，这一目标将自始至终贯穿并体现于设计教学活动的全过程，起着灵魂作用。教学目标的确定应注意如下几点：

（1）一定要根据课标和学情，既要依据课标，又要坚持"以学生发展为本"的理念，立足于学生实际；

（2）教学目标一定要细化，具体可行；

（3）教学目标要突出情感、态度、价值观方面的要求；

（4）教学目标要有整体性、层次性、延续性和针对性。

2．依据教学目标，整合教学内容，突出重点、难点

在确立教学目标后，首先要思考的是具体的教学内容。一方面，要用好教材，做好对

教材内容的分析，明确重点难点；另一方面，要结合校情学情，对教材内容进行符合校本课程的整合，增加一些具有时代气息的，反映学生生活实际的内容。在这里，要避免两种倾向：一是脱离教材，另起炉灶；二是以本为本，照本宣科。

3. 依据教学内容，制定教学环节

要按照我们制定的各课型教学模式去制定教学环节，在此基础上不断完善，逐步形成自己的教学特色和风格。我们制定的各课型教学模式有如下几个特点：

（1）学习环节符合新课程的理念。主要表现是在学习环节上注重了自主学习、合作学习和探究性学习。

（2）学生的主体地位体现得比较突出；

（3）各学习环节循序渐进，符合学生的认知规律；

（4）各学习环节简便易学，操作性较强。

设计教学活动的一个特色之举就是环节备课，根据学习内容的需要，将一节课的学习过程分解为几个具体的学习环节。在这个过程中应注意：

（1）从整体上设计教学环节，环节之间应强调逻辑性、递进性，做到环环相扣；

（2）一节课的教学环节不应太多，一般做到五个左右为宜，多了不利于每个教学环节的深入进行，容易流于形式；

（3）处理好预设与生成的关系，在进行环节预设时，要留有一定空间，给学生留出思考、消化、吸收及生成的机会。

4. 为每个教学环节设计恰当的学习情境和探讨活动

只有创设恰当的学习情境和探究活动，才能让学生有所体验，进而在交流及老师的指导下有所感悟，达到学习目标，因而这一环节是备课过程中最应细化的一个环节，也是使课堂教学生动丰富、独具个性的一个关键环节。在情境和活动的创设过程中，应充分考虑如下因素：

（1）注重活动的内涵，活动要有针对性、深刻性，不切合学习内容的活动，再新颖巧妙，也不能使用；

（2）活动要从学生的生活实际出发，为学生个体独特的体验留有空间，为学生自己解决问题留有空间，为学生的实践留有空间；

（3）活动的设置要精细化，要充分考虑到活动的具体步骤、活动中学生可以做什么、教师可以做什么，活动如何步步深入，达到实效；

（4）在活动过程中的总结反思，一方面，要对学生在活动过程中的表现及时点评，不断提高学生开展活动的能力；另一方面，要引导学生在活动中体验感悟，将学习内容渗透到活动中去，通过活动要有所提高。

5. 对照教学目标，反思教学环节及其活动的教学价值

这一步骤，是对自己设计课堂教学活动的一个再反思的过程。这一过程，一方面能确保把教学活动设计得比较科学、精致并紧扣教学目标；另一方面在反思中又能不断提高设计课堂教学活动的能力。

（三）"有效设计教学活动"的操作要点

设计教学活动是对整个教学系统的规划，是教师教学准备工作的组成部分，是在分析学习者的特点、教学目标、学习内容、学习条件以及教学系统组成部分特点的基础上统筹全局，提出教学的具体方案，包括一节课中的教学结构、教学方式、教学方法、活动形式、知识来源、板书设计等。

设计教学活动是教学活动开展之前的准备工作，是对整个教学活动的计划和安排。设计教学活动的结果或设计教学活动的文字表达形式是教学活动方案，设计教学活动时要考虑教学策略的制定、选择与运用。选择与运用教学策略时，又必须通盘考虑教学的整个设计。设计教学活动一旦完成，就比较定型了，它可以是对整节课或整个单元的设计，也可以是对整个科目的设计。设计教学活动包括的范围比较广。

如何将教学策略运用于课堂的教学中，提高教学效果，实现教学活动设计的有效性？那就要了解有效教学的理念。有效教学指的是在教学活动中教师遵循一定的教育教学规律，采用各种方式和手段，以尽可能少的时间、精力、教学设施的投入，取得尽可能好的教学效果，实现特定的教学目标，满足社会和个人的教育价值需求。我们要灵活选择教学策略，构建一种新型的、高效率的课堂教学模式，提高教学活动设计的有效性。

对教学活动的设计，作为课堂教学的"脚本"，显然在整个课堂教学中占据了重要的位置。教学活动设计一方面发挥着贯彻教学思想、体现教材脉络的作用；另一方面也是教师教学模式、教学思路的具体体现。在实际的工作过程中，要想设计好教学活动，应该重点从以下几个方面着手：

1. 实

现在很多老师喜欢把教学活动设计得比较花哨，看似热热闹闹，实则华而不实。教育的根本在于实效，实效的前提在于要把每一个教学活动设计得实实在在，切实把教材中所体现的教学思想、教学重点与难点、教学目标等落到实处，在教学活动设计中得以真实、深刻地体现出来。尤其在面对某些"先天营养不良"的教材的时候，就必须通过老师的"后期加工"得以完成，打好基础，方能建起高楼大厦。

2. 透

对于要把教学活动设计得"透"，其实是在"实"的基础上提出来的，主要是要求教师在拟定教学活动设计的过程中，要吃透教材、吃透学生。尽信书，则不如无书，研读教材，要做到"力透纸背",深刻挖取教材中所蕴含的理念与思路,同时要学会透过教材看本质,透过教材上好课。一些具体的教学内容,在教材上只有较为简单的介绍,学生也往往无法作深入了解。这时,老师就应该在设计教学活动的过程中把握一个"透"字,彻底掌握教材这样安排的目的,了解整个教材编写单元的教学重点与难点、教学目标分别是什么,然后,有计划地向学生介绍,使学生真正从内心深处了解学习的意义,从"要我学"变成"我要学"。唯有这样,教师教学这部分内容时学生才会真正跟着老师走,从而取得较好的学习效果。

3.活

教学活动设计得"活",主要是要体现出教材的水平及教师和学生的水平。众所周知,现在的课堂是三位一体的。教材是指南,教师是主导,学生是主体。从另一个角度说,教材是平面,课堂是舞台,师生无疑是主角。那么,要想这个舞台精彩纷呈,要想师生的表现活灵活现,教师就必须在设计教学活动时体现出"活"的特点来。只有让教学活动先"活"起来,才能在课堂中把教学内容上得"活跃",让学生学得"活泼"。课堂不应是一潭死水,而完全应该是"活动"的溪水,潺潺流动,生机无限。

4.思

优秀的教学活动设计,在没有实践之前,都只停留在纸上谈兵的层面,唯有经过不断的实践,才能取得精益求精的效果。在设计教学活动的时候,一方面,可以多开展同行备课,多组织几个同学科的老师进行集体备课、共同设计,众人拾柴火焰高,集中大家的智慧,一起思考,这样比较容易出现精品的教学活动设计;另一方面,个人在设计教学活动时,应该在课前进行思考,想一想这样的设计有哪些地方还可以改进?在课中进行思考,设计中的某个环节是否可以深化?在课后继续进行思索,刚才这节课中,哪些地方是因为设计的巧妙而达到了很好的效果?哪些地方是因为设计的缺失而导致了教学的失败。一得一失,皆应在设计中得以体现。

一节好课有许多要素,需要教师与学生相互配合,共同演绎。对于教师而言,灵活地运用教学策略,科学有效地设计教学活动,是上好一节课的重要因素。

一节好课始于教师,终于学生;始于学会,终于会学;始于兴趣,终于刻苦;始于有形,终于无形。那么,怎样的课才算是一节好课,以下几点可以参考:

(1)要"双主互动,多维联系"。要让教师与学生、学生与学生、学生与教材、学生与多媒体等辅助资源互动联系,从而使课堂教学高效、优质。

(2)适应现实。教师要关注知识目标的学习与生成,培养学生的学习能力、应变能力和考试能力。

(3)为学生的未来生存发展提供帮助。教师在培养学生思维、交流、表达、组织等方面的综合能力上要多下功夫,设计有效的教学活动,为学生的发展提供平台,为学生的进步提供机会。

五、考核与反思

设计教学活动是一种艺术创作。设计一个好的教学活动，对于教师来说，是成功课堂的良好铺垫；对于学生来说，是快乐学习的美丽诗篇。因为有不同的教材、不同的学生、不同的教师，就会有不同的教学活动设计，而归根到底，优秀的教学活动设计，是应该让老师教得快乐，让学生学得开心，是应该能提升课堂教学的整体效果、促进师生和谐进步的。

（一）达标考核

（1）设计有效教学活动的原则有哪些？

_____

_____

（2）你认为教师应该如何提升有效设计教学活动的能力？

_____

_____

（3）有效设计教学活动需要注意哪些问题？

_____

_____

（二）研讨反思

1.结合你的教学经验和教材内容，以问题体系为核心，设计《在沙漠中心》的教学过程。

_____

_____

2.反思自己的教学活动设计，研讨使教学活动设计更加有效的教学方法，展示交流。

_____

_____

专题四 恰当整合教学资源

学习要点

1. 了解语文教学中使用教学资源的相关要求，改变教学观念。

2. 解读教学资源的概念，改进教学现状。

3. 充分整合教学资源，合理设计教学过程。

随着语文中考、高考改革的推进，越来越多的问题摆在了我们面前。有专家对语文教育存在的问题进行了如下总结：关注考试题型，忽视素养和底蕴；关注教材，忽视开发教学资源；关注一篇一段，忽视整本书阅读；关注书本的学习，重视语文实践；关注单一的知识，忽视有机整合；关注工具性，忽视传统文化；关注初中阶段，忽视义务教育的整体；关注语文学科自身，忽视与其他学科的整合。可见，在语文教育存在的众多问题中，对教学资源整合不足就占了五个，可见恰当整合教学资源确实是摆在教师面前的一个重要议题。

一、问题的提出：如何提高教师"恰当整合教学资源"的能力

《全日制义务教育语文课程标准》首次在"第三部分实施建议"中将"课程资源开发利用"单独列节，凸显了语文课程资源开发的重要性。伴随着新课改的推行，教科书、阅读材料、报刊、电视、网络、演讲会、戏剧表演、图书馆、博物馆、展览馆、自然风光、文化遗产、风俗民情、国内外的重要事件等都被语文教师开发利用起来，成为语文课程的教学资源，极大地丰富了语文教学的内容。但是，在资源愈加丰富的变化过程中，老师们对语文教学资源的认识反而狭隘了，大家面临着如何取舍资源、如何有效整合资源、如何恰当运用资源等一系列问题。

研究表明，随着时代的发展，大语文观越来越成为我们的教学理念，语文老师需要更广阔的视野，面对各种各样的教学改革，在整合教学资源时需要有进一步的认识。下面，我们先来进行一些交流活动，看看老师们对整合教学资源的一些认识和做法。

▶▶ **活动 1**　问题驱动，讨论交流。

请认真学习《义务教育语文课程标准（2011 年版）》《普通高中语文课程标准（2003 年）》等相关文件，谈谈你认为除教科书外，语文教学资源还包括哪些方面？

_____

_____

▶▶ **活动 2**　你认为"课程资源"及"教学资源"的概念是否一致？你怎样理解"教学资源"？

_____

_____

▶▶ **活动 3**　结合自己的教学实践，举一个整合教学资源的实例，思考成功整合教学资源带给教学的效果，同时也谈谈还有哪些不足的地方？还有哪些遗憾？今后怎样改进？

（1）请你讲述自己在教学中整合教学资源的事例，你运用了哪些教学资源？具体是怎样运用的？

_____

_____

（2）你认为自己整合教学资源的成功之处是什么？至少写出 2 条。

①_____

②_____

（3）你认为自己所采用的教学资源不合理的地方是什么？还有哪些困惑？

_____

_____

二、教学资源的内涵以及整合教学资源在语文教学中的现状

（一）语文教学资源的含义

1. 资源

"资"在《辞海》中的解释是：供给、资助、资财；"源"在《辞海》中的解释是：水流所从出，引申为事物的来源。在《新华词典》《汉语大词典》和《现代汉语规范词典》中，笔者找到了有关"资源"的解释，它们基本都是一样的：

第一种解释，资源是像土地、矿藏、江河、动物、植物等诸如此类的生活资料或者是这种生活资料的来源；

第二种解释，资源是一个国家或者这个国家的某一个地区所有的人力、财力、物力等

要素的综合，这样的资源我们可以把它分为两类：自然资源和社会资源。

因此，我们可以将资源的概念理解为创造、满足别的事物的条件或某一种来源。

2.语文教学资源

关于语文教学资源，并没有一个相对稳定的概念，但有一点指向是明确的：教学资源是为更好地完成教学提供帮助的。因此，我们可以把它的含义归纳为：语文教学资源是指一切有利于语文教学活动的展开，能够为实现语文教学目标所服务的各种因素的来源及条件。通常包括教材、案例、影视、图片、课件等，也包括教师资源、学生资源、教具、基础设施等。

按照教学资源的不同划分标准，可将其分为四组：课内资源和课外资源、校内资源和校外资源、显性资源和隐性资源、有形资源和无形资源。

不管是课堂内还是课堂外的资源，不管是学校内还是学校外的资源，不管是显性的还是隐性的资源，不管是有形的还是无形的资源、只要能够确保语文教学的质量，有利于语文教学目标实现的要素，都属于语文教学资源的范畴。语文教学资源的开发对于语文教学有着至关重要的作用，语文教学资源的开发问题已经成为教育改革中亟须解决的崭新课题。

（二）整合教学资源在语文教学中的现状

上海市教委教研室副主任纪明泽在《从上海 PISA 看教研的继承和创新》（2017 年 7 月 15—16 日全国首届教研创新论坛）一文中提到，上海学生在 2009 年和 2012 年连续两次的 PISA 考试中均获得科学、阅读、数学三项成绩第一，但也表现出不足。

第一，教师对学生自我控制学习策略的培养不够。PISA 结果显示，上海学生运用自我控制策略的比例远低于 OECD（经合组织）国家的平均值。

第二，教师运用信息交流技术开展教学的能力相对不足。从 2012 年上海 PISA 看，学生阅读和解决问题的能力测试的"机考"成绩都低于纸笔测试成绩。

第三，教师培养学生运用知识与技能的能力不足。

从 PISA 的实际测试结果看，上海学生解决问题的能力相对不足。在 PISA（2012 年）的解决能力的问题测试当中，大约有六分之一的上海学生虽达到了比较高的水平，就是 PISA 六级水平，但仍低于新加坡、韩国和日本的学生。PISA 的问题解决，主要包含探索与理解、表达与构思、计划与实施、监控与反思。上海有 86% 的学生解决实际问题的能力的成绩低于根据他的纸笔测验成绩做出的一种预测。在自主学习、网络学习、运用知识技能解决问题这三方面较弱。这也是目前教育的通病。我们不难发现，学生这种能力的薄弱，是一种整合资源能力薄弱的表现，是不是也在某种程度上反映出教师在语文教学中整合资源能力的薄弱呢？

老师们都知道对语文教学资源开发的研究，有利于新课程改革目标的落实，有利于新课程教学理念的实现，能够为体现语文学科的工具性和人文性相结合提供保障，能够为教师的专业化发展搭建平台，能够为培养学生的语文素养提供支持，有利于学生向自主、合作、探究的新型学习方式转变，并能为构建开放有活力的语文课堂教学提供有利条件。

从大量关于课程资源的书籍和论文中，我们可以发现这样一种现象，当前，我国关于语文课程资源的研究主要集中在以下两个方面：

（1）当前的语文课程研究多集中在"校本资源的开发"和"本土资源的开发"这两个课题上，"校本资源"和"本土资源"都具有十分显著的地域独特性，不同的领域、不同的地区甚至是在同一地区不同的学校，由于文化背景、学校氛围、条件设施等方面的不同，造成了学生素质、教学条件、办学宗旨和师资力量的差异，因此"校本资源"和"本土资源"的开发并不能得到较好的推广，只能成为公开课展示的资源，对语文课程建设并没有很大的实际指导意义。

（2）我国的语文教育研究者非常热衷于研究"语文课程资源"或是"课程资源"这样的宏大板块。许多研究者甚至教育组织都将着眼点放在了"课程资源"或者"语文课程资源"上，但是这里却忽略了一个问题，对于课程资源，不管是教育组织者，还是个体的教育者，都将主要研究点放在了宏观的分析上面，很少与各个学科联系起来，很少与具体教学联系起来，不能对学科教学进行有针对的指导。即使在研究文章中有几篇文章将语文学科与教学资源联系起来了，但仔细看来，却都是缺乏系统理论的经验之谈，很难对语文教学起到指导性的作用。

更严重的问题是，老师们开发了教学资源，可是在如何整合教学资源上又出现了问题。各种令人眼花缭乱的教学资源并没有为深化对文本的理解、提升学生的语文素养而服务，反而是喧宾夺主。对教学资源的滥用打破了语文教学的节奏，不利于教学重难点的突破；更有甚者，好好的一节语文课，在众多资源的展示中成了生物课、地理课、美术课，等等。很多很好的教学资源没有发挥它们的潜力，这种现状令人担忧。

（三）合理利用教学资源的价值体现

1. 恰当开发利用教学资源是新课程改革的关键

关注课程资源的开发与利用，是新一轮基础教育课程改革的突出特点。在传统的语文教学中，承担语文教学资源的是教学内容和教材。语文教学被教材所束缚，课程改革能否进一步深化，最终实现改革目标，关键在于人的思想意识能否转变。

教学改革的脚步从来没有停止。我国的教育改革和发展可以概括为三个阶段：

（1）主张以教为中心的阶段，突出表现为传统教育的"三中心"，即教师中心、教材中心、课堂中心。

（2）主张以学为中心的阶段，突出表现为强调学生在教育教学过程中的主体地位，要求尊重学生，以学定教，先学后教等，但这里的尊重学生，仍然局限在仅仅把学生作为学习的主体看待，而没有把学生真正作为"成长中的人"来对待，且这个主张到现在还没有真正完成。

（3）主张以人为中心的阶段。这个阶段的开启，以党的十七大提出的"德育为先，育人为本"为标志，到党的十八大进一步提出"立德树人是学校育人的根本任务"。这个阶段的核心，是把培养未来社会需要的人作为出发点和归宿点，实现这个目标可谓任重道远。

今天我们的课程改革正在进入教育改革的核心阶段，虽然在某些方面取得了一定的成绩，但是由于教育的制度变革，特别是考试制度改革滞后，这一轮的基础教育课程改革仍然没有走出应试教育的怪圈，其课程改革再一次沦为教材改革，甚至只是"换换教材"而已，但教材改革并不等于真正的课程改革。以应试教育为本的教育是可以封闭运行的，如果我们追求的只有考试和分数，那就不用进行课程改革了，坚持过去的以纲为本、以本为本，组织好知识和训练技能就好了。只有进入以人为本的阶段，我们才会深入思考课程的育人价值、教材的有效性以及教育资源的丰富性，从而适应人的发展需要等重大问题。可见意识形态决定人的行为，只有人的观念改变了，方向明确了，教育课程改革的春天才会到来。

2.开发教学资源为教师的专业发展提供了平台

《语文教学大纲》经历了八次修改，语文教育从新中国成立初期到颁布全日制义务教育《语文课程标准》期间，语文的教学方式和教材都发生着变化，但是对语文教学资源的开发却无人问津，以至于毫无进展。一线语文教师迫于升学压力，还是将语文教材作为唯一不变的语文教学资源。不管在这期间怎么变化，变的只是教学的内容，却从没有培养教师开发教学资源的意识。只关心对教材的讲授，忽视了对学生的情感、价值观的关心，使学生在这样的环境里越来越压抑，从而导致他们越来越不喜欢语文课堂。在这种让人痛心的状态下，叶圣陶先生"用教材教"而不是"教教材"的呼声被越来越多的语文教育家所接受，他们共同呐喊，以期待语文教学资源的改革。但是，这样的呼声却被题海、题库这样的物态化资源镇压下去了，学生的生活资源、情感资源仍然没有得到教师的关注。

我国在修改后的《义务教育语文课程标准》中指出："语文教师应高度重视课程资源的开发与利用，创造性地开展各类活动，增强学生在各种场合学语文、用语文的意识，多方面提高学生的语文能力。"我国再次强调"课程资源"的概念。"语文教学资源"作为"语文课程资源"的重要组成部分，对它的开发在整个课程改革中占据了十分重要的地位。合理有效地开发语文教学资源，能够为构建开放而富有创新活力的语文课程体系奠定资源基础。语文教学资源对于教师就是教学资源，如果将语文教学资源面向学生，便可以转化为新的资源，使其以崭新的面貌出现在教学中。在语文教学中开发语文教学资源，其最终的目标就是完成语文教学的目标，为了能够更好地服务于语文教学，为了学生语文素养的全方位提高，为了将学生培养成社会真正需要的人。语文教学资源的开发要与每一节语文课的教学内容相联系，要针对每一节语文课的教学目标。可见，教学资源的开发给了教师更大的自主权，同时对教师提出了更高的要求，教师必须跟得上时代的步伐，适应时代的要求，否则，改革还是不能彻底实现。

长期以来，中小学校长和教师没有课程实施的自主权，对课程和教材顶礼膜拜，不敢越雷池一步，整个教育教学活动都围绕教材机械地进行。这种教育是知识本位的，囿于封闭的教材而进行。在多数的语文教育工作者中，很多一线教师所实施的教学都习惯了"衣来伸手，饭来张口"的模式，在他们的教学中，很少利用智慧开动脑筋去开发资源，他们更熟识的只是利用资源，其中有的老师可能连利用的本领都没有掌握得很到位，更别说开发了，我们只能毫不客气地说他们只会照搬资源。其实，完全可以用"取之不尽，用之不竭"这样大胆的话语来形容语文教学资源，因为语文教学资源遍布世界。如果教师想真正提高语文教学的效率，就得开动脑筋、花费心思去开发语文教学资源。一旦课程改革进入教育改革的核心，课程变革和教学资源重组是必然的，而对教材和教学资源"动手术"的过程，也是最能体现学校的办学自主权，最能体现中小学校长和广大教师的教育境界和专业水准的过程。合理有效地开发语文教学资源，对提高语文教学质量有着积极深刻的影响。对语文教学资源的开发是新课程标准的要求，也是人们课程观念的发展和完善，同时也是新世纪语文教学改革和现代语文教育深化发展的必然走向。

3. 开发语文教学资源，促使学生的学习向自主、合作、探究的新型方式转变

（1）建构主义心理学认为，自主学习是指学生在已有的知识、经验的基础上，利用原有的认知结构对新知识进行感知、理解，从而建立新的知识，并调整原有知识的学习方式。这就要求语文教师在开发教学资源的过程中，要将学生本身作为一种资源来开发。在教学中，语文教师不仅要把学生作为学习的主体，更要把学生当作语文教学资源的共同开发者。

（2）按照建构主义心理学和接受美学的观点，合作学习是以学生的不同情感体验和生活体验为基础，合作的每个人按照自己对事物不同的理解去建构新事物的学习方式。

在语文教学中，每个学生对同一篇课文、同一段语句及同一个人物的理解是不一样的，这样的理解差异本身就是一种可以开发的语文教学资源。学生在合作的过程中产生了众多的语文教学资源，通过对这些语文教学资源的开发，学生可以从其中学到更多的知识，体会到更多的情感。合作学习既是语文教师开发语文教学资源的一种方式，更是一种极其重要的语文教学方式。

（3）语文的探究学习是比自主学习、合作学习更高层次的学习。在语文教学活动中，探究学习是指在教师的引导下，学生自主发现的学习过程。这样一种高层次的学习方式，更加需要在语文教学中开发丰富的语文教学资源，使学生有多种多样的资源作为支持，才能有多样的选择。新课改否定了传统语文教学中的重接受教学、轻探究学习，重视学习结果、忽略学习过程的被动接受型学习方式，提出了"积极倡导自主、合作、探究的学习方式"。这一理念的提出，不仅是对学生主体地位的尊重，也是对教师的地位转换敲响了警钟。

自主、合作、探究对于学生来说是一种新型的学习方式，同时，对教师而言，也应该有一种新的教学策略以促成这样新的学习方式。因此，作为教师，要转变自己的角色，重新定位自己，教师已经不再是课堂的"霸权主义者"，而应该是引导学生自主、合作、探究的领导者。

开发丰富多样的语文教学资源，为教师的角色转变提供了条件。语文教师在语文教育教学中，积极开发与学生生活密切相关的学习资源，能够为学生提供更加广阔的学习资料，能够丰富学生学习语文的方式，引导学生自主学习，自我体验感知。在这样的课堂里，教师已经不是那个"一言堂"的"霸权主义者"，而是在开发语文教学资源的过程中，引导学生自主学习，自己发现问题、解决问题，学会在交流的过程中表达自己，学会合作。学生在开发语文教学资源的过程中，不仅能够掌握语文作为工具性的功能，体验语文具有人文性的内涵，而且能感受到语文的魅力和语文带来的乐趣。

实践性的教学资源是一种基于实践的学习，它以学生的实践和经验为基础，提倡亲力亲为，鼓励对知识的综合运用。它不以知识的获得为满足，追求的是获得知识的方法和过程。这种过程性的学习是一种以积极的情感体验和深层次的认知参与为核心的学习方式。实现过程学习的最适当的方式就是自主、探究与合作。也就是说，要实现过程性学习，就要从根本上改变学生的学习态度、方法和习惯，使学习真正成为促进学生发展的有效途径。在学习实践中，就要尊重学生的兴趣和需要，鼓励学生自己选择，积极参与，大胆实践。开发和实施语文实践活动，无疑应为学生设计多种性质的学习空间，帮助学生通过考察、采访等实践进行探究。虽然个体的学习方式是不可少的，但是为适应今后社会高度发展的需要，为了培养学生的合作意识和协作能力，应该充分利用丰富的学习资源，鼓励并训练学生更多地采用合作学习的方式开展活动，使具有不同智力倾向的学生通过交流和合作，互相启发，取长补短，得到最好的发展。以实践求真知，以实践求体验，学生在自主、合作、探究的过程中真正做到不唯书、不唯师，学会用自己的眼睛去观察世界，用自己的头脑去判断是非，用自己的方式去表达成果，他们的创新精神和实践能力必将得到全面发展。

4. 有利于传承民族精神和弘扬社会主义核心价值观

语文作为母语教育课程，更是具有其他课程无可比拟的资源优势和开发利用的广阔途径。

《基础教育课程改革纲要（试行）》指出："倡导学生主动参与、乐于探究、勤于动手，培育学生搜集和处理信息的能力、获取新知识的能力、分析和解决问题的能力以及交流合作的能力。"这是在倡导一种自主、探究、合作的学习方式。它要求我们充分利用现实生活中的语文教育资源，开展丰富多彩的语文实践活动，拓宽语文学习的内容、形式和渠道，使学生在广阔的空间里学语文、用语文，开阔视野，丰富知识，体验合作的成功与喜悦。教师应高度重视学习资源的开发与利用，创造性地开展各类活动，增强学生在各种场合学语文、用语文的意识，多方面提高学生的语文素养。

语文实践活动不以掌握知识的多少为目的，也不以能否对知识进行复述为标准，而是着眼于逐步完善学生的素质结构，坚持多元智能理论，追求学生独具特色的全面发展。建构主义是语文实践活动开发与实施的重要理论依据，它认为，人作为认识客观事物的主体，要想认识客观事物，就必须对客观事物进行操作，并对操作过程进行感知。在这里，客观事物可以称为"客体",人们的认识就是在主体对客体操作和感知的无限循环中逐渐形成起来的,主体和客体的结合称为认知结构,认知结构的主体部分集中表现为人的整体素质,即人的素质结构。人的内在素质结构决定了人外在的行为方式水平和价值取向。可以这样讲,人的素质结构决定了人的行为。而教育能够发展人的素质结构,并通过发展人的素质结构,拓展人外在的行为空间,最终体现人的生存价值。如此看来,从小建立和完善学生的认知结构,便是教育成败的关键,语文实践活动课程的设置之所以重要,就是因为它为学生提供了与自然、科技、社会等客观事物主动结合的机会,从而优化了学生的认知结构,形成了教育优势。按照加德纳的多元智能理论,学生与生俱来就是不同的,他们既没有相同的心理倾向,也不会拥有相同的智力,他们每个人都具有多种智力潜能,具有不同的强项和弱项。也就是说,每个人都拥有自己独特的素质结构,自然也便拥有了各自不同的学习风格,教育的核心问题就是要认真地对待这些差别。教育虽然不能强求每个人都可以得到同样的发展,但是却完全可以从学生的实际情况出发,通过语文实践活动和其他教育活动的开发和实施,促进学生形成健康、和谐、积极、善良的素质结构,通过学生良好素质结构的建构,实现学生独具特色的全面发展。语文实践活动的产生既适应了学生个性发展的需要,又适应了社会发展的需求。每一个学生的个性发展都具有独特性、具体性,每个学生都有自己的需要、兴趣和特长,都有自己的认知方式和学习方式,语文实践活动为每一个学生的个性发展创造了空间。当今社会迅猛发展,产生了一系列问题,如环境问题、道德问题、各种文化交融与碰撞问题、信息爆炸问题,等等,这些问题都有跨学科的性质,语文实践活动为学生参与、研究、理解这些新的社会问题提供了机会。语文实践活动的产生既继承了我国基础教育的优秀传统,又体现了当前素质教育的内在要求。记得《社会科学报》记者曾经采访著名诗人、文化批评家叶匡政,提出许多尖锐问题,如"我们的语文教育与台湾地区的国学教育相比较,不同之处何在?"叶匡政回答记者时这样说:最大的不同就是,台湾地区的国学教育有一个统一的哲学基础,那就是以儒家思想为主干。这个哲学基础,也可以说是信仰,经过几千年的实践证明是适合中国人生活的。有了统一的哲学基础,才能帮助学生形成一个比较统一的世界观与价值观,道德、伦理与人格的教育也才有落脚点。将"传道"作为目标,可以说是台湾地区国学教育最明显的特点。而大陆语文教育,强调的是语文的工具性。这几年虽然提出了"语文素养"这个词,开始关注语文的人文精神了,但因为没有统一的哲学基础,所以教材中收录的作品所传达的精神与价值是混乱的。你说,把孔子、鲁迅、卡夫卡的作品放在一起学,学生最终相信谁的思想与价值观?结果是,越学习,价值观越混乱。语文教育的目的就是要培养学生的社会价值观。一个健康的社会,其60%以上的主流人群应该奉行基本相同的社会价值观,这个社会才能稳定,这个社会中的民众才可能感到幸福。所以语文教育的目的,不仅是为了传承中国传统文化,更多地是为了通过培养社会的核心价值观,来重构全体民众可以共享的文化共同体,唤起一种真正意义上的国家认同的新秩序，而教材传达的就是一种明确的人生信仰，语文教学强调要躬身实践，就是知行合一，要求把所学的东西内化为自己的思想和行为准则，关注学生生活经验的积累。语文教育必须在生活实践中体验感悟学习。语文教育是为了学生终身学习、生活和日后工作打基础的，意义重大。中国的语文教材内容应该更加多元，尤其是体现科学与民主、法治内容应更多一些，帮助孩子们塑造与现代文明相符的价值观，这也是国家进步与社会转型所必须具有的民族精神基础。

　　总之，教育有很多种形式，如果能够将其中一部分运用抽象化的方式来教的话，也许更能使学生明白其中的精华和真实的含义。但是，如果没有实际体验，只有抽象化的学习，就只能获得现实世界极少的信息，无论你怎么发挥想象，也绝对不可能完全理解。所以，我们必须打通学习的渠道，在短暂的人生中极大地丰富自己，努力成为适应多元社会的人。

（四）在资源开发整合上教师应具备的三种能力

1．教师要具备筛选鉴别的能力

　　因为语文是我们的母语课程，所以，学习语文，我们拥有良好的环境，生活处处都有丰富的语文资源，语文学习无处不在。但教学不同于生活中的自学，作为课程教学资源的开发，必然要有一定的组织性，要实现一定的教学目标，要采取必要的教学手段和策略。

　　开发课程教学资源有如下要求：

　　（1）教学资源要与本阶段教学目标要求相一致。

　　（2）教学资源的开发利用要与学生的实际认知水平、学习水平符合，不能过高地估计学生的实际能力，否则教学资源不仅不能辅助学生更好地学习，反而会增加学生的负担，扰乱学生的生活。

　　（3）教学资源要符合学校所处的地域特点和学校现有的实际条件。我们不能不切实际地超越现实环境，舍近求远地开发教学资源，与其说是开发教学资源，不如说是优化教学资源更为妥当。每一个地区都有它特有的地域文化特点，有丰富的文化资源，教师要根据学生的实际需要，开发利用和优化这些教学资源，丰富学生的学习，培养学生的能力。

　　从以上三点来看，教学资源的丰富性、多样性、复杂性，要求教师必须具备较高的筛选和鉴别能力，教学资源本身是现实存在的，如果教师不将这些教学资源与学生联系起来，教育的效果就难以达到。

2．教师要具备一定的协调沟通能力

　　语文教学资源的开发与利用，不仅是传统的语文学习方式向现代的转换与超越，同时也是语文教学方式的重要变革。课堂教学相对封闭，学生与教师面对面开展教学活动，围绕教材展开对话，目标更集中，任务更具体，指向性更强，教学管理相对简单。然而开发教学资源，要求教师离开课堂，深入生活，走向自然，走向社会。要从科学世界走向生活世界，从语文学科走向其他学科。

3. 教师要具备整合各种教学资源的能力

整合教学资源的能力是现代教育、新课程改革对教师提出的新的要求。对语文学科而言，整合教学资源的能力对教师尤为重要。面对新一轮课程改革三级课程（国家课程、地方课程、校本课程）结构的设置，作为一名语文教师，除了要具备语文专业知识外，还应该具备对教材、教学手段、教学资源的整合能力。《北京中小学语文学科教学21条改进意见》中提出，"积极拓展、整合教学资源，促进语文和其他学科教学的衔接。提倡把历史、地理、政治等学科内容作为语文学习的依托和背景，加强学习过程的开放性、体验性和实践性，构建满足学生个性需求的语文教学方式。"学科与教学资源整合的综合性、实践性特点决定了教师没有现成的教学方法可以遵循，自主支配的空间很大。整合所涉及的内容比较宽广，这就要求教师要具备一定的学科整合能力和设计能力。实际上，这种整合能力是建立在对文本深入了解的基础上、对整个教学环节清楚把握的基础上的，这是一种更高层次的要求。整合教学资源务必注意以下三点：

（1）开发、整合教学资源的目标必须明确；

（2）充分利用资源，提取精华，设计合理的整合方案，在教学中有相应的教学策略予以支撑；

（3）尝试建立一定的评价标准。

（五）评价体系的设计

根据教学资源所呈现的方式不同，可以将其分为显性资源和隐性资源。研究者的关注点更多放在资料、图片等显性的资源上，对人的资源和生成性资源，如教师、学生、教科书、课堂生成等隐性内容关注得比较少。这种关注的偏差时常导致我们错误地运用了教学资源，或者是错失了利用好教学资源的机会。我们应该在教学资源的整合上重新架构，这样会让我们重构教学设计。

编者的话

意识的重构会倒逼我们重新设计课堂，这样我们在教学资源的开发与整合上关注的不再是轰轰烈烈的形式，而是最大限度地发掘教学资源的潜力，不同的整合会焕发出不同的魅力。也就是说，语文教学资源的整合其精髓在于将零散的要素组合在一起，并最终形成有价值、有效率的一个整体。把它们的价值有机地结合在一起，使这些单一看来无意义或意义不大的事物获得超值的效果。教学资源的整合促进的重构指的是从不同的层面重新组织、建构教学内容。选取教学资源并对其进行整合，就是一种"选择"与"创造"。这种做法立足于对教学设计重构过程中前后发生的有价值的变量。重构关注的要点涉及学情诊断、课程设置、教师的专业文化素养和独立的科研精神等方面。创造是一件非常浪漫的事，创造又是一件非常具体的事，所以要完成一件成功的作品，同时需要两种极具反差的品格——灵动奔放和老老实实。也就是说，语文老师想通过整合教学资源达到重构教学设计的目的，实际上需要老老实实地去开发各种教学资源，同时通过灵动奔放的创意把教学资源恰如其分地运用到我们的教学中。语文教学资源的整合绝不是搞"花架子"，好的语文教学资源的整合依靠对所占有资料最有效的开发与利用，需要教师具有较深的语文功力。

三、"恰当整合教学资源"典型案例交流

案例 1 （不合格层次：整合课外教学资源后，丧失语文味）

《看云识天气》教学实录片段

师：同学们，我有一个问题，在生活中，你们是如何了解一天的天气情况的？

生：通过天气预报了解。

师：这的确是一个简便易行的方法，但是当你在野外或是外出旅行时，身边没有天气预报怎么办呢？

今天老师教给你们一个简便易行的识别天气的方法：看云识天气。（板书）

【点评】

虽然引进了课题内容，但是从导入的语言来看，老师把学生引向了一节自然科学课。

师：在《看云识天气》中，看：观察；识：认识，辨别。连起来就是可以通过观察云来辨别天气的变化。

师：大家想不想学看云识天气的方法呀？那么同学们快打开书，自由朗读，注意把字音读准，同时注意下面的问题。（出示课件）

（1）文中哪句话能概括云与天气的关系？

（2）文中介绍了几种云？几种云上的光彩如何？

（3）看云识天气有什么意义？有何方法？有什么注意事项？

生：（读文后回答）：云就像是天气的"招牌"，天上挂什么云，就出现什么样的天气。

师：让我们一起来感受一下这样的云彩。（老师播放了十几张各种云彩的照片）请同学们说说你最喜欢哪张云彩的照片？

【点评】

提取完关键句后，老师连续播放了十几张关于云彩的照片，学生看到各种照片后，眼前一亮，所有的注意力都集中在照片上，纷纷议论照片上的云彩有多美。接着老师又让学生说

说哪张图片最漂亮，又把语文课改成了图片欣赏课。重点完全没有放在对文本的分析上，课外教学资源根本没有发挥语文学科的作用。

> 生：我喜欢第一张，因为它非常美丽……
>
> 生：我喜欢第五张，因为它在天空中的位置很高。
>
> 师：作者为我们介绍了哪几种云？介绍了哪几种云上的光彩？
>
> 生：介绍了八种云：卷云、卷积云、积云、高积云、卷层云、高层云、雨层云和积雨云。介绍了四种云上的光彩：晕、华、虹和霞。
>
> 师：这就是八种云的图片。（一一展示）请你选取其中任何一种云，对它进行介绍。
>
> 生：卷云……（学生看着图片进行描述）

【点评】

本来以为老师会引导学生来看课文中对各种云彩的描写以及云彩的特征，结果发现学生在这十几张照片的影响下，根本不再重视课文内容，仅凭着对图片的认识来空谈各种云彩。

> 师：卷云会带来什么样的天气？
>
> 生：晴朗的天气。
>
> 师：为什么卷云会带来这样的天气？

【点评】

教师的这次提问彻底把这节课导向了自然科学课。过早出示的十几张图片改变了教学方向。

总评

这位老师像地理老师展示挂图一样，让学生看了个够，很是"风光"了一番。但实际上是抛弃了教师的满堂灌，换成了多媒体满堂灌。这也是时下语文教学中存在的问题。《看云识天气》虽然是一篇说明文，可是它描写云的语言非常生动有趣，可以让学生通过想象去明晰云彩的美丽。另外，这篇文章也不是为了让学生知道云彩有多美，主要是让学生提取、概括信息，明确云彩的类型，并能够明晰相对应的天气。课外教学资源的整合并没有对本节课的重难点起到突破作用，反而成为一种累赘，这种教学资源的整合就属于无效整合。教师要有跨领域、跨学段、跨学科的意识，即要有"整体"意识，不能只是"单打一"。这节课虽然做到了跨学科的设计，但却丢失了必须是一节语文课的前提。如果丢失了语文这个主阵地，那么就根本谈不上语文教学资源的整合。

案例2（合格层次：开发一定数量的教学资源，基本能够利用教学资源的各自特点）

《神奇的克隆》教学片段

师：我们已经看到有那么多的动物都被克隆出来了呢，那么能不能克隆人呢？

（学生有的说能，有的说不能。众说纷纭，甚至快吵了起来，这时候，教师顺势将语文课堂变成了辩论会。）

师：那么，现在我们就请赞成克隆人的同学快速地站到老师的左边来，不赞成的同学站在老师的右边。（这时候大屏幕显示：到底该不该克隆辩论会）赞成的同学现在是正方，不赞成的同学自然就成了反方。正方和反方的同学分别选出一名你们认为可以代表你方观点并能够精彩表达的同学作为你方的代言人，以便陈述。其他同学可以当记录者。

（学生开始推选代表）

师：现在是正方陈述观点的时间，请双方同学都认真听。

生：我方认为，现在是可以克隆人的，因为克隆人可以破解许多医学上的难题，随着科学技术的发展，克隆人的课题已变得十分紧迫。如果我们可以克隆人，那么在人生命垂危的时候，我们可以通过克隆人来延长或挽救人的生命。

师：说得很有条理，现在请反方同学陈述。

生：我方是不赞成克隆人的，由于克隆人这一项技术在当今社会还并不是那么完善，而且在克隆人的过程中，容易引发一些新的疾病传播。我方同学都非常担心克隆出来的人如果被恐怖分子利用，那便会给人类的和平带来重大灾难。

师：现在进入自由辩论阶段。

正方：反方的同学，我方觉得你们都太悲观了，你们总是把事情往坏处想，你们说我们的克隆技术不完善，那我们就可以在技术的摸索中逐步改善，如果像你们所说的那样，因为怕影响生活就停滞不前，那我们的克隆技术就永远也不可能得到完善了。

反方：我方认为我们并不是悲观，而是对这个社会抱有怜悯之心。正方的同学，请你们想一想，你们怎么能够忍心一个和你一模一样的人，一个有感情、有知觉的活生生的你，就因为人类的克隆技术而痛苦绝望地死去？

（正方同学在这个时候显得有些沉默，或许在思考，或许在同情。老师看出了正方同学的犹豫，就提醒正方同学，顺着你们的想法说，千万别被别人牵着鼻子走呀。）

正方：克隆这种技术是人类非常进步的一项技术，特别是对人的克隆，一定会是震惊几代人的技术。比尔·盖茨曾经都这样说过："当然应该克隆人。"

反方：即使比尔·盖茨这样说了，又能够怎样呢？对克隆人身份的认定一直以来都是一个具有争议的问题，我们究竟敢怎样去确定他们的身份呢？如果提取一个人的细胞把一个人克隆出来，那本人或者是克隆人应该用什么样的称呼？

正方：即使像你们所说的那样，我们现有的伦理道德以及生活规范确实都不适应克隆人的出现。但是社会在发展，人类在进步呀，规章制度总会逐步完善的。另外，我方就不明白了，为什么克隆就非得克隆出反方同学所说的危害人类的恐怖分子呢？我们完全可以多去克隆一些爱因斯坦这样优秀的科学家啊。

反方：就怕画虎不成反类犬啊，你敢想象一下，克隆出来一万个拉登会给人类带来什么危害吗？恐怕克隆出来的拉登不仅只会在美国嚣张，而且会侵害地球上的每个国家。

正方：人类总是由不完善到完善、从低级到高级慢慢进步发展的呀。不能因为目前有困难，就不赞成吧。

反方：对方在没有想出有效的措施前就不要大谈赞成了，这是对生命的不尊重。

（学生你不让我，我不让你，争论得非常激烈，直到下课的铃声响起。）

【点评】

上面这个案例来自网站"语文轩"，是一个点击量很多的语文教学实录。我们可以从这个教学实例中发现，教师利用情境体验法，把学生作为语文教学资源的开发者，把多种语文教学形式当做学生展示的平台，让学生处在一个真正可以抒发情、展示智的情境中，让学生自己去体验感知，语文课堂就远比我们教师的"一言堂"精彩。教师将所开发的语文教学资源与学生的生活体验、教材内容进行联系，再利用多媒体得以展现，能够把学生带入一种情境中，让学生的情感、认知得以升华，这有助于语文教学目标的达成，有利于学生学习空间的延伸。

在具体的教学中，可以利用一种方法有针对性地开发教学资源，也可以综合使用多种方法达成教学目标。不管怎么开发，都离不开语文教学内容这一基础，都不能偏离语文教学目标这一准则。在具体的开发中，必须遵循一定的原则。语文教学要走出课堂，走进社会，走进学生的生活。教师要善于开发、整合教学资源，不要只讲书本上的语文、试卷上的语文，还要讲生活中的语文、可运用的语文，只有这样，语文才会散发它应有的魅力。

▨▨▨ 案例3 （良好层次：较好地利用教学资源的特点，辅助突破教学重点难点，并拓宽学生的思维认知）

中国古代神话人物形象主题阅读教学设计如表4-1所示。（授课教师：赵永红）

表4-1 中国古代神话人物形象主题阅读教学设计

教学目标	1.学习运用工具书并结合语境疏通文言文的方法 2.通过整合分类的方法，发现中国古代神话人物形象的特点 3.尝试探究中国古代神话人物形象产生的原因及现实意义		
教学重点	通过整合分类的方法，发现中国古代神话形象的特点		
教学难点	尝试探究中国古代神话人物形象产生的原因及现实意义		
环节	教学活动	学生活动	设计意图
导入	学生猜插图回忆神话内容	预习资料，简单疏通神话内容，根据自己的想象为神话配图；看插图，猜神话	作业反馈、兴趣导入、回顾内容
追本溯源 寻找字义	解决疑难字词，疏通文意	运用工具书并结合语境疏通文意。小组展示	掌握借助工具书学习文言文的方法
人以群分 认识英雄	1. 对神话人物形进行分类，并阐明理由 2. 发现古代神话人物的特点	分类 阐述理由 交流 小结	发现中国古代神话人物形象的特点，对这一群体形象形成整体认识
寻根探源	探究中国古代神话人物产生的原因	探寻原因 总结	通过主题阅读提升认识
拓展作业	完成作业	1.给古代神话人物写一首小诗 2.发现《希腊神话》中众神的特点（对对子）	知识迁移

【点评】

中华文明源远流长，其中特别具有代表性的是充满奇幻色彩的古代神话故事和栩栩如生的神话人物形象。中国的神话反映了中华民族的特性，神话里祖先们伟大的斗争精神、勤政为民精神，实在值得我们去学习、发扬。这些神话就像一朵朵文明之花，在中国文化史上散发幽香，它们是古代先民遗留给我们的最宝贵的文化遗产。我想也正是因为这个原因，人教版七年级下册的语文教材也收录了两篇中国古代神话《夸父逐日》和《共工怒触不周山》，这两篇神话故事中记载着远古人民丰富的想象，其中所体现的先民气概值得我们思索。七年级的学生充满好奇心，尤其对一些具有传奇性的故事抱以极大的兴趣，他们被夸父和共工这两个神话人物的传奇故事所感染，有些学生还自觉找到《山海经》来读。其实这是进行中国传统文化教育的一个很好的切入点。

　　《义务教育语文课程标准》中指出："语文课程对继承和弘扬中华民族优秀文化传统和革命传统，增强民族文化认同感，增强民族凝聚力和创造力，具有不可替代的优势。"《北京市中小学语文学科改进意见》也把传承中华传统文化经典作为一项重要的改革内容，指出要"在教学中重视对国学经典文化的学习，重视历史文化的熏陶，加强与革命传统教育的结合，使学生了解中华文化的悠久历史，增强民族文化自信和价值观自信，使语文教学成为涵养社会主义核心价值观的重要源泉之一"。而我们当前的语文教学中确实存在优秀传统文化内容彰显不足、经典文学作品阅读量不够的问题。我们可以以课本为依托，引入相关的课外阅读材料，开展主题阅读，让学生打开视野，培养学生分析问题的能力，促进学生语文素养的积淀，通过深入探究加深学生对传统文化的认同。另外，考虑到中国古代神话故事大都是篇幅比较短小易懂的文言文，非常适合七年级学生阅读积累。所以，根据学生的需要、语文教学改革的要求以及中国古代神话的特点，教师设计了《中国古代神话人物形象主题阅读》，这个教学设计显得难能可贵。

　　我们再来看看本节课的具体教学目标：

　　（1）学习运用工具书并结合语境疏通文言文的方法。

　　（2）通过整合分类的方法，发现中国古代神话人物形象的特点。

　　（3）尝试探究中国古代神话人物形象产生的原因及现实意义。

　　（4）重视对国学经典文化的学习，增强民族文化的认同感。

　　学生在疏通文本的基础上，要对中国古代神话人物形象有一个整体的认识。因此，教师把"通过整合分类的方法，发现中国古代神话人物形象的特点"作为本节课的教学重点。在认识神话人物特点的基础上，结合社会背景，"尝试探究中国古代神话人物形象产生的原因及现实意义"，这是更高层次的要求，它有利于学生树立"中国古代神话是我们宝贵的文化遗产"这一意识，因此教师者把它作为本节课的教学难点来突破，这也是十分合理的。

　　下面再看一下这位老师对每一个教学环节的设计意图以及取得的一些课堂效果。

　　环节一：课前预习，依文配图。

　　教材中给出的两则古代神话故事《夸父逐日》《共工怒触不周山》，都是文言文，共计105字。虽然执着追日的夸父和神奇勇猛的共工各具形象特色，也很有代表性，但仅从这两个人物身上去探究中国古代神话人物形象的特点是不够的。老师要为学生创设机会，把大量的神奇的古代神话故事介绍给学生。《21条改进意见》中也指出，在初中阶段，要积极引导学生认识我国统一的多民族国家的历史文化传统。通过给学生提供与课内古诗文相关联的作家、作品，增加学生阅读国学经典的数量。因此，教师在众多神话中挑选了这八则：《女娲补天》《后羿射日》《黄帝战蚩尤》《精卫填海》《刑天舞干戚》《盘古开天地》《鲧禹治水》《神农种五谷》，文言文字数达到600多字。选择这几个神话，主要有以下两个考虑：

（1）这些故事中的人物具有很强的代表性，学生大部分都有所耳闻，不算陌生。

（2）这些神话故事篇幅短小，容易理解，作为学习文言文的初始篇目，从难度上来说比较合适，便于学生自学，可以为课堂探究做准备。

七八百字的文言文对于初一的学生来说不是一个简单的任务，需要给学生充足的自学预习的时间，预习要有明确的任务，教师共安排了两个任务：第一，读神话故事，借助工具书尝试翻译文本，标出自己不理解的词或句。第二，选取一个神话故事，根据内容配插图。这样做的目的是让学生充分熟悉文本，调动学生学习文言文的兴趣，鼓励学生有多种多样的个性表达。经过上面的自主学习后，进入课堂教学环节。

环节二：看图猜事，回忆神话。

插图是学生预习后的成果，五花八门的图画展示了孩子们的智慧，无论是画面构思，还是绘图、颜色，学生都有自己的看法，学生用自己的想象，借助文本内容丰富自己头脑中的神话人物，展现了自己理解的神话故事。这一个个独特的亲切的画面，是由学生创造出来的富有生命的教学资源，通过看图猜神话的导入方式，既轻松地带领学生回忆了神话的名称，又使学生带着强烈的好奇心进入本节课的学习中。

环节三：追本溯源，寻找字义。

理解文义是感悟形象的前提，虽然这几篇文言神话比较浅显，但是有个别文言字词确实是学生疏通文意的"拦路虎"。教师认为，不管怎样打掉这些"拦路虎"，"打虎主人"必须是学生。"句之清英，字不妄也。"在学习文言的初始阶段，培养学生析"字"的能力很重要，学生有遇难字查古代汉语字典的能力，但是面对众多义项时，往往会手足无措。《语文课程标准》中指出，"要引导学生积累语言，培养语感，发展思维，初步掌握学习语文的基本方法，养成良好的学习习惯。"因此，作为文言文教学，应该培养学生利用工具书理解文意的能力。所以，教师以《神农种五谷》中"神而化之，使民易之"中的"易"字为例，教学生结合上下文语境推测义项的方法。然后以小组合作的形式，让学生交流文段中不能解释的字词，借助《古汉语常用字字典》，结合上下文，明确词义。通过此环节，学生在思辨的过程中，不但达到了"熟悉学习文言文的方法，疏通神话故事内容"的目的，同时积累了文言词汇。

环节四：神以群分，认识英雄。

《语文课程标准》中提出，"时代的进步要求人们具有开阔的视野、开放的心态、创新的思维，对人们的语言文字运用能力和文化选择能力提出了更高的要求，也给语文教育的发展提出了新的课题。"在了解了神话故事、认识了神话人物的基础上，教师希望学生对所给材料有一个整体分析，从而形成自我认识。在开放的交流中，打开思维碰撞的火花，为了使学生能够完成这个任务，教师主要做了两个方面的准备：第一，在选择材料时，除了在古代神话人物这个大的主题意识下选取，还要注意选取各种不同类型的人物形象，因为神话内容丰富，种类较多，有创世神话，也有战争、农耕神话；有为人民造福的，也有发动战争的；神话人物有男性也有女性。所以，要给学生分类整合的空间，便于学生分析，得出结论。第二，设计纸板、磁石教学用具，便于学生表述观点。

在此基础上，开展小组合作研究活动：对中国古代神话人物形象进行分类，运用一个关键词阐明分类的原因。要求：①把关键词记录在纸板上。②利用纸板和磁石展示，阐述理由时清晰、简明。学生讨论得很激烈。

为了使学生对古代人物形象的特点有更系统的认识，教师又创设了一个小组活动：仿照《笠翁对韵》的形式给古代神话人物写对联。

楹联是一种非常具有概括能力、表现能力的中华优秀传统文化的独特表现形式。用这种传统的形式展现神话人物的故事和精神颇受学生喜爱，学生能在3~5分钟创作出楹联这样的作品，确实令我们兴奋，可见学生对传统文化抱有很强的兴趣和很大的接受能力。

最后教师充分利用学生提出的关键词，利用纸板和磁石教具进行小结，古代神话人物勇敢、坚毅、智慧、勤政的特点得以展现。

环节五：分析原因，植根文化。

在对古代神话人物的特点有了整体认识后，老师引导学生尝试探究中国古代神话人物形象产生的原因及现实意义。经过探讨，学生发现，我国古代劳动人民的聪明智慧和战胜自然的勇气是神话人物的创作原型，中华民族是一个优秀的民族。所以，博采中华文化丰厚博大的精神、汲取民族文化的智慧是我们的光荣职责。最后大家一起欣赏作品《夸父·太阳》，伴随着铿锵的朗诵，学生再次表达了自己的看法：神话人物中的英雄是我们民族的图腾、精神。至此，本节课的教学难点得以突破。

【点评】

纵观本节课，我们看到了教师充分整合教学资源的努力尝试。教师以拓展传统文化阅读为目的，以中国古代神话人物形象主题阅读为任务，以小组合作探究学习为驱动，充分重视活动设计和教学用具的利用，努力做到在语文实践中让学生体会中国文化的博大精深，同时注重方法指导和能力培养，努力做到尊重学生的个性表达，鼓励他们的创新思想。在这节课当中，人的资源和生成性资源，如教师、学生、教科书、补充资料、课堂生成等在这堂课中都有很好的互动和生发。我相信更多的学生在学完这一课以后，开始认真地读有关中国古代神话的作品并在随笔中论述，他们积极主动地去阅读、研究古典作品的行动，让我们更加坚信通过开展主题阅读、进行资源整合来研究传统文化经典是可行的方法。

案例 4（优秀层次：开发各种形式的教学资源，恰如其分地整合教学资源，重构教学设计，使教学资源发生价值上的变化，对学生的思维认知达到多角度的训练）

《湖心亭看雪》教学实录片段

（执教者：王君）

第四部分：咬文嚼字赏"痴景"

师：关于西湖的诗句很多，我们一起来回忆几句。

【课件展示图画诗句】

（学生动情地朗读"接天莲叶无穷碧，映日荷花别样红。"）

师：告诉老师，你从诗人笔下之景中，感受到了杨万里什么样的心情？

生：他很愉快，满心喜悦。

【课件展示图画诗句】

（学生动情地朗读"欲把西湖比西子，淡妆浓抹总相宜。"）

师：请告诉老师，你从苏轼笔下之景，又感受到了苏轼什么样的心情？

生：他也是幸福的，他愉快地赞美西湖。

【课件展示图画诗句】

（学生朗读"山外青山楼外楼，西湖歌舞几时休。暖风熏得游人醉，直把杭州作汴州。"）

师：告诉老师，你又从林升笔下之景，感受到了林升什么样的心情呢？

生：痛恨统治者不争气，他埋怨、愤怒。

师：就是这样啊，同学们，景语和情语之间息息相通，现在，就让我们去研究痴人眼中之痴景，进一步探寻张岱的心灵世界吧。

【点评】

通过课外链接诗句让学生感受作者的情感，使学生建立景语与情语之间的关系。不是生涩地讲给学生听，而是让学生在丰富的资源中感受。

【课件展示写景句】

雾凇沆砀，天与云与山与水，上下一白。湖上影子，惟长堤一痕、湖心亭一点、与余舟一芥、舟中人两三粒而已。

（师指导学生朗读）

师：这样的一副雪景，你觉得有什么特别之处吗？

生：我感觉第一句给人一种苍苍茫茫的感觉。

师：是吗？但老师觉得，这一句有问题。你看"天与云与山与水"多拖沓啊，开头我们还说张岱作文惜墨如金呢？这里居然一连用了三个"与"，我看一个都不用也行。

生：不行，老师。

师：为什么不行？你看我读。（师去掉四个"与"，很认真地读了）
我们对比再读一读。先去掉"与"读一遍，然后再把原文读一遍。

（生对比读了一遍）

生：哦，老师，我感觉出来了，这四个"与"并不多余，它让"天、云、山、水"四个景物融合在了一起，如果去掉，好像它们之间的界限很清楚似的。

生：四个"与"字造成了一种天地苍茫的浩大气象。有这四个"与"字，后文的"上下一白"才显得更有气势。

师：好样的，有眼光！来，咱们读出天地苍茫的景象。

（师指导学生拖长音调读，摇头晃脑，读出韵味儿）

生：我觉得文中的量词用得很怪，和我们平时的用法不一样。

师：有同感。如果我来写，我会这样写："惟长堤一条，湖心亭一座，与余舟一艘，舟中人两三个而已"，你认为如何呢？

生：我觉得作者就是想把后面的景物写得很小很小，好和前面的"上下一白"形成鲜明对比。

师：有意思！你的这句"就是想"激发了老师的共鸣。我也觉得这句话不仅是量词有问题，而且顺序也有问题呢，如果由我来写，我就这样安排："湖上影子，惟舟中人两三个、余舟一艘、湖心亭一座、长堤一条"，你看，越来越清晰，符合人的心理要求嘛！

生：不好，味道全没有了。

师：啥味道？

生：好像作者要把自己融进苍茫宇宙的那种味道。

师："融进"这个词用得妙！是啊，老师也感觉到张岱是想和自然融合在一起的，否则，你看，张岱和舟子是在船上的吧，他怎么能够说自己和舟子是"舟中人两三粒"呢？这视角根本就不对啊！

师：还有，咱们读读最后一句，把那个"而已"的味道读出来。

（生反复读"舟中人两三粒而已"，教师反复指导"而已"的读法，去掉再读）

师：感觉到这"而已"的言外之意了吗？

生：景啊，人啊，不过是这沧海一粟罢了，在苍茫天地中，他们都似有似无，"天人合一"了！（师生热烈鼓掌）

师：哦，这同学真是一语惊醒梦中人，原来痴人眼中有痴景，是因为有个"天人合一"、融入宇宙的愿望啊！这样看来，当时张岱去湖心亭看雪，他是怎么定位自己与自然和社会的关系的？

生：他不想见人，也不希望被人见到。

师：对！明白了这个道理，先前关于他和金陵客交往的不和谐就有答案了。他和自然的关系是什么呢？

生：他希望融入自然，成为自然的一部分。

师：我们现在来看最初发现的那个"独"与"两三"之间的矛盾，是张岱数不清楚人数吗？是张岱一不小心犯了一个可笑的错误吗？

生：不！那是因为他"眼中无人"，知音尚且不顾，何况舟子？（生鼓掌）

师：那他眼中只有什么呢？

生：只有自己的心，只有自然，他是属于自然的。

师：哦，同学们一点拨，老师懂了。当然，这里还有另外一个原因，古代社会等级森严，在"相公"们的眼里，"舟子"这样的仆人是可以不算人的。但世上真有如此痴人，视世俗世界而不顾，一心要把自己融入自然之中。诗人心中有一个春天，他笔下的西湖就春意盎然；诗人的心中有一份柔情，他笔下的西湖就温柔缠绵。张岱笔下的西湖如此清冷、浩大、朦胧、孤独、纯洁，这又是为什么呢？请同学们看大屏幕，静静地看，看完后，请设身处地地想象：50多岁的张岱会以什么样的心情回忆20多年前夜游西湖的旧事，并把什么样的情感注入文字呢？

【点评】

王君老师善于利用情境体验法，将学生看作语文教学资源的再次开发者，引导学生带着情、融入景，以最佳的状态进入语文学习情境中。走进大雪漫漫的西湖，走进落寞孤寂的张岱，走进不知情景的舟子，体会这景中情，雪中景，这是一种更难得的教学资源的整合，是一种全方位的整合。老师和学生在彼此的思想碰撞中感受着文本的魅力。

第五部分：总结拓展。

【课件展示背景图片资料】张岱：明末清初文学家，号陶庵。出身仕宦世家，爱繁华，好山水，晓音乐。清兵南下灭亡了明朝，他入山隐居、著书。著有《陶庵梦忆》《西湖梦寻》等。《湖心亭看雪》选自《陶庵梦忆》。

《陶庵梦忆》这部散文集，是明末清初的产物，是中国梦文化的艺术结晶，是作者在国破家亡后写的一曲悲哀的挽歌。没有希望，没有奢求，没有期待，唯有哀怨，唯有梦忆。以梦忆为解脱，将家国之叹、故园之思、人生之悲寄予梦忆之中，这就是《陶庵梦忆》的艺术真谛。

【点评】

在赏析词语的美妙之后，引进恰当的背景，为理解张岱的思想作好铺垫。搭设的台阶便于学生理解张岱在《湖心亭看雪》里表达的复杂情感。

生：我想，张岱一定是忧郁的。

生：我想，张岱一定是孤独的。

生：我觉得当时张岱还是坚定的。他在想：达则兼济天下，穷则独善其身，我张岱，绝不媚俗失节，这一湖寒冰，就是我的志向！（生鼓掌）

生：我想，张岱也有逃避的心理，他还活在过去的世界中。

……

师：同学们，中国历史上，有多少这样的文人啊，他们在现实中被压弯了腰，在现实中透不过气来了，于是，他们只有到大自然中去深深地呼吸一口自由的空气，去伸一伸他们要被压垮了的腰杆。他们宁愿自己是山是水是花是草是一朵云是一片冰。他们在这片山水中来寻找心灵的归依和心智的独立。因为凝寒独立是其人格，所以苍茫天地就成了他们必然的心灵归宿。同学们，在历代的文学作品中，这样的痴人和痴文都很多啊。你们还能想起来吗？

生：柳宗元的《江雪》。

生：陶渊明的《桃花源记》。

生：苏轼的《记承天寺夜游》。

生：曹雪芹写的《红楼梦》也很像。

……

（课件展示，师引导学生齐诵《江雪》《记承天寺夜游》《归隐》中的名句）

【点评】

引入同类主题的文章，让学生在重新审视旧知识时可以有一种全新的理解。穿越时空隧道，张岱、柳宗元、陶渊明、苏轼等这些也是痴人，很好地运用了文本互文关联法。

师：同学们，"天人合一"是中国文化的基本精神。但是，其原因和表现的形式也有很大的不同。另外，我们还可以讨论这样一个问题：如果穿越时空隧道，张岱、柳宗元、陶渊明、苏轼等这些痴人相遇了，张岱最可能以谁为知己呢？这个问题，留给同学们下课探讨吧。

最后，我们反过来审视开头提到的那个"痴"字，你还只想到"呆""傻"这一类意思吗？

生：我想到了如痴如醉。

生：我想到了一句歌词"历尽磨难痴心不改"。

【课件展示】痴迷于"天人合一"的山水之乐、痴人之心、世俗之外的高雅之趣。

师：同学们，《红楼梦》中说："满纸荒唐言，一把辛酸泪。"请同学们读大屏幕上的话。

生：都言作者痴，谁解其中味。

师：和张岱同时代有一位文人叫张潮，他曾经说："少年读书，如隙中窥月；中年读书，如庭中望月；老年读书，如台上玩月；皆因阅历之浅深，所得之浅深耳。"《湖心亭看雪》一定还有更多的滋味，同学们在未来的日子里慢慢地感悟吧。最后，让我们动情地来朗诵《湖心亭看雪》中的写景句。

师：课外名言的引用带给本课更多的学习空间，学习的探索意犹未尽。（全班同学动情地朗读写景句并背诵一遍后下课）

◀◀ 总评

　　在这个案例中，王君老师展示了自己在语文教学上的一些新的思考和探索。这是一节朴实的、本真的、有文化底蕴的、有人文关怀的、富有语文味儿的课。对于语文教学而言，咬文嚼字是必要的手段，诵读是必要的手段，知人论世是必要的手段……更要认识清楚：教师本位、教材本位和学生本位本质上并不矛盾。语文教学需要"常式"和"变式"，需要"预设"和"生成"，需要"控制"和"自主"……在这些概念中，其实都包含着教师智慧、开明、通达的"导"的因子。在中学语文教学中，上课一定要充分对话——在对话中生成知识，濡染情感，提升智慧。传统的满堂灌、满堂讲，虽然有它的合理性，但绝不能成为课堂的主旋律。王君老师开发整合了各种形式的教学资源，无论是关于写雪的诗歌、张岱的背景，还是课本文言的比较，都能够恰如其分地整合教学资源，使整个课堂设计都灵动起来，教师、学生、课堂生成、相关文字资料等都在互相对话中实现了最大的价值，学生在对字词的赏析上、思想内涵的领悟上、文化内涵的积淀上都有了不同维度的增长。我们可以看出，能够上这样精彩的一课，能够找到这么多的教学资源，说明作者有着丰厚的积累。随着教学内容的深入，对教学资源的适时应用也体现了王君老师的无限创意。

▰▰▰ 案例 5 （优秀层次：开发大量的各种形式的教学资源，能够恰如其分地整合教学资源，对于教学设计起到重构的作用，使教学资源发生价值上的变化，对学生的思维认知达到多角度的训练）

　　《扁鹊见蔡桓公》是中考必考的一篇文言文。这则寓言选自《韩非子·喻老篇》，本意是在说明老子"图难于其易，为大于其细"的观点。目的是让学生在阅读中认识"讳疾忌医"的危害性，理解防微杜渐、听取别人意见的重要意义。《扁鹊见蔡桓公》是一篇略读课文。作为初三的学生，已经具有一定的阅读文言文的能力，所以本文对于他们来说还是比较容易理解的。但是怎样让这篇短小的文言文发挥更大的价值，让学生从方方面面去深刻体悟主题，需要我们精心去设计。

《扁鹊见蔡桓公》教学设计

【教学目标】

（1）通过熟练朗读，学生能够说出文章的大意，理解文章寓意。

（2）通过分析对话，学生能够把握人物形象，多角度领悟文章。

（3）学生学习运用从文本所学的方法，使用恰当的语言对他人进行劝谏。

【教学重点】

学生能够理解文章的内容，把握文章的寓意。

【教学难点】

学生能够多角度地理解文章。学习运用所学的方法，运用恰当的语言对他人进行劝谏。

【教学环节】

第一课时：

一、导入：名著阅读

利用之前阅读的《三国演义》中华佗刮骨疗毒的故事，学生很快就能明白这节课学习的也是一位神医的故事。

【点评】

联系阅读的《三国演义》，让学生对本节课的学习内容有一个感性的认识。

二、疏通文本：理解文章大意

1.采用小组互助学习的形式，让学生朗读课文，在小组内合作，结合注释，疏通文意，最后在小组内互相复述故事情节，熟悉故事内容。

【点评】

通过合作探究，让学生掌握重点词句的意思，熟悉故事情节，同时引导学生自主合作学习。

2.整体感知：填写表格，梳理故事内容，理解寓意。

学生小组合作，填写一份桓侯诊断记录，如表4-2所示，然后复述故事情节。

表4-2　桓侯诊断记录表

时间	扁鹊的诊断	治疗方法	桓侯的反应
立有间	君有疾在腠理，不治将恐深	汤熨之所及也	
居十日		针石之所及也	桓侯不应……桓侯又不悦
居十日	君之病在肠胃，不治将益深		
居十日			
桓侯结局：			

【点评】

通过完成桓侯诊断记录，进一步梳理文章，帮助学生熟悉故事情节，通过复述故事，考查学生对重点词句的理解情况，帮助学生理解讳疾忌医的含义。我们发现，通过填写表4-2，学生能够很直观地看出蔡桓公的病一次次地加重，但他又一次次地拒绝治疗，最后，在短短的35天之内，就由小疾发展到大病，最终死亡。学生能够很直观地感受到讳疾忌医带来的坏处，再通过复述故事，让学生在自己的表述中，理解文章的寓意。

三、学生活动：揣摩人物心理，多角度理解文章寓意

1. 短文通过对话来表现人物性格，请同学们在文中扁鹊和蔡桓公的每次对话前加一个恰当的修饰性词语，来表现扁鹊和蔡桓公说话时的心理活动，并简单说明理由。

扁鹊见蔡桓公，立有间，扁鹊曰："君有疾在腠理，不治将恐深。"桓侯曰："寡人无疾。"扁鹊出，桓侯曰："医之好治不病以为功。"居十日，扁鹊复见，曰："君之病在肌肤，不治将益深。"桓侯不应。扁鹊出，桓侯又不悦。居十日，扁鹊复见，曰："君之病在肠胃，不治将益深。"桓侯又不应。扁鹊出，桓侯又不悦。居十日，扁鹊望桓侯而还走。桓侯故使人问之，扁鹊曰："疾在腠理，汤熨之所及也；在肌肤，针石之所及也；在肠胃，火齐之所及也；在骨髓，司命之所属，无奈何也。今在骨髓，臣是以无请也。"

【点评】

老师设计这个活动，目的是让学生多角度理解人物。学生先合作探究，再在班级内交流展示，最后教师引导点拨，目的是让学生仔细阅读全文，深入钻研课文，进一步理解文本的内容，了解人物。学生在填写的过程中，能很清楚地体会到蔡桓公的盲目自信；不听人言，也能明显感受到扁鹊一次次劝谏被拒绝后的无可奈何，这些都有助于学生体会文章寓意。

2. 学生结合前面的活动，分别用两个四字词语概括人物性格。

【点评】

引导学生通过揣摩人物形象，理解人物，体会文章的寓意，并且能够从蔡桓公和扁鹊的角度获得不同的人生启示。

四、类文品读：深入理解寓意

学生品读《仲景见侍中王仲宣》。

1. 学生填写王仲宣诊断记录，如表 4-3 所示。

表 4-3 王仲宣诊断记录

时间	仲景的诊断	治疗方法	王仲宣的反应
时年二十余	君有病，四十当眉落，眉落半年而死	服五石汤可免	
居三日			仲宣犹不言
后二十年			
后一百八十七日			
王仲宣结局：			

2. 学生谈谈学习两篇文章的启示。

【点评】

教师选择了和《扁鹊见蔡桓公》极其相似的《仲景见侍中王仲宣》，设计的活动——学生填写王仲宣诊断记录也和前面类似，帮助学生加深对文章寓意的理解，原来不只是蔡桓公一个人出现了讳疾忌医的问题。再让学生谈谈学习两篇文章的启示，通过两篇相似文章的阅读，让学生真正理解成语"讳疾忌医"的含义。

第二课时：

五、读写结合：运用所学故事写作，学习劝谏方法

1.拓展写作。

在《邹忌讽齐王纳谏》中，邹忌以自身的一件小事为例，通过类比让齐威王接受了自己的建议。假如你是张仲景，你能否运用《扁鹊见蔡桓公》的事例进行劝说？让王仲宣接受你的建议，及时治疗，你将如何劝说？

【点评】

这一部分结合前面学生谈的启示，从扁鹊劝说的角度，设计了一个片段写作练习，引导学生多角度体会文章，在理解了"讳疾忌医"后，能从扁鹊的角度，结合之前学习的邹忌的劝说艺术，思考如何劝说会更有效。同时，结合写作，培养学生敢于表达、乐于表达的能力。

2. 阅读《北人啖菱》，完成任务。

（1）解释加点字。

（2）这个故事讽刺了怎样的人？

【点评】

培养学生联系已经学过的内容，结合语境，推断词义，引导学生进一步理解"讳疾忌医"（精神上的"讳疾忌医"）。

3.下面是《论语》中的三则内容，你认为对故事中的北人来说，可以用哪一则来劝诫他？

（1）子曰："为政以德，譬如北辰，居其所，而众星共之。"

（2）子曰："学而不思则罔，思而不学则殆。"

（3）子曰："由！诲女知之乎！知之为知之，不知为不知，是知也。"

【点评】

利用已有的知识储备解决实际问题，突出对传统文化的重视。

六、拓展阅读：用神医的故事加深学生的理解

1.阅读《医扁鹊见秦武王》，结合自身实际，谈谈你对"君与知之者谋之，而与不知者败之"的理解。

【点评】

帮助学生加深对扁鹊的全面了解，扁鹊不但医术高超，而且能够把治病的道理迁移到对国家的治理，从而呼应本节课的启示：要善于听取别人的意见。同时，进一步引导学生要听取专业人士的意见。

2.阅读《华佗传》（节选）。

我国传统中医学的主要诊疗手段是望、闻、问、切，根据你对课文的理解，你认为扁鹊对蔡桓公疾病的诊断主要靠的是哪一种诊疗手段？结合你对课文和《华佗传》的理解，请你分别谈一谈扁鹊和华佗对我国传统医学的主要贡献。

【点评】

延伸神医主线，加深对中华传统医术的了解。

七、作业：运用所学故事，尝试议论文写作

以"要善于听取别人的意见"为题目，运用课上所学或你所了解的事例及名言警句，完成200字的论述。

资源链接（略）。

（《扁鹊见蔡桓公》教学设计由北京市工大实验学校程佳老师提供）

【点评】

结合前段时间所学的议论文知识和学生自己的收获，创设情境，让学生谈谈自己的看法，也给学生提供了一些议论文素材。

▶▶ 总评

通过以上内容，我们可以看出，本节课最大的特点是提供了大量的阅读材料。最让我们惊喜的是，教师为自己的拓展阅读材料设计了两条主线：一条是传统文化主线：中国古代神医的主题阅读。选择了多方面介绍扁鹊的材料《医扁鹊见秦武王》，其中"与知之者谋之，而与不知者败之"的语句，让我们体会到扁鹊不但医术高超，而且能够把治病的道理迁移到对国家的治理。神医张仲景的材料《仲景见王仲宣》、神医华佗的材料《华佗传》（节选)，以神医的题材串联整节课。同时，为了帮助学生更好地理解本篇文章的要点"讳疾忌医"，还设计了另一条主线，《仲景见王仲宣》和《扁鹊见蔡桓公》极其类似，都表现了病人的"讳疾忌医"，蔡桓公和王仲宣都是因为不听从医生的建议而病死的，他们都是对身体的疾病"讳疾忌医"，两篇文章正好加强学生对"讳疾忌医"的认识。为了让学生更深入地理解本文的寓意，教师还选择了一篇《北人啖菱》，北人没吃过菱角，却不懂装懂，面对别人的劝说，自欺欺人，掩盖缺点。这是一种精神上的"讳疾忌医"。用这则材料，让学生体会到"讳疾忌医"不只是在身体上，更多的是在精神上。

在两条主线下，这些课内课外的资源彼此生发，让学生在新旧知识间反复思考，达到融会贯通。学习文言文的方法可以贯通，体会人物的心理可以贯通，篇目与篇目之间的主题思想可以贯通，文体之间的写作也可以贯通，古人和古人之间可以贯通，古人和今人之间也可以贯通，等等。能实现这些贯通，就是因为教师恰当地整合了语文教学资源。程佳老师能够恰如其分地整合教学资源，对教学设计起到重构的作用，使教学资源发生价值上的变化，从而对学生的思维认知达到了多角度的训练。

四、"恰当整合教学资源"能力训练

（一）整合教学资源的三个层级

《北京市朝阳区教师教学基本能力检核标准》对教师的各种教学能力进行了界定与区分，但遗憾的是，其中没有教师资源整合能力的相关评价，笔者根据《语文课程标准》和《北京中小学语文学科教学 21 条改进意见》的相关内容，粗略地整理出对教师整合教学资源能力的检核标准。如表 4-4 所示。

表 4-4　教师整合教学资源能力的检核标准

能力要点	合　格	良　好	优　秀
整合教学资源能力	开发一定数量的教学资源。基本能够利用教学资源的各自特点，整合教学资源	开发一定数量的和较多形式的教学资源，较好地利用教学资源的特点，较为恰当地整合教学资源，较好地突破教学重难点，并拓宽学生的思维认知	开发大量的各种形式的教学资源，能够恰如其分地整合教学资源，对教学设计起到重构的作用，使教学资源发生价值上的变化，对学生的思维认知达到多角度的训练

（二）整合教学资源应注意的几个问题

（1）教学资源是课本教学内容的拓展和延伸，是对课本内容的进一步补充，与课本内容不是并列关系。

（2）虽然整合教学资源有一定的灵活性，但在整合过程中还需要整体考虑，不要像打散沙一样缺乏整体性。

（3）整合教学资源必须在国家教育课程的指导下，符合学生成长的实际需要，让教师和学生都成为教学资源的开发者。

（4）深入分析教学资源，挖掘多重价值。知识不是独立于认知主体而存在的，获取知识的过程是人类永无止境的探索和研究过程,其中蕴含着特定的人文精神和科学精神。因此,知识具有多重价值,主要表现为迁移价值、认知价值和情意价值。

课程改革要改变课程过于注重知识传授的倾向,强调学生形成积极主动的学习态度,使学生获得基础知识和基本技能的过程同时成为其学会学习和形成正确价值观的过程。这就要求教师在教学中,既要重视知识的迁移价值,更要深入分析和挖掘知识的认知价值与情意价值,要看到教学资源背后所蕴含的思想、观点和方法,设计丰富多彩的学习情境和探究活动,引导学生自主、探究、合作学习,全面实现课程目标。

(三)有关教学资源的相关理论

(1)法国作家和教育思想家蒙田提出,不要只学书本知识,要"把世界作为书房"。

(2)美国教育家华特说:"语文学习的外延与生活的外延相等。"可见语文教学资源的丰富性。古有"读万卷书,行万里路"之语,今有"大语文教育观"之说,说的都是语文与生活的紧密联系。

(3)"泰勒原理"中指出,必须在考虑当代社会生活、学生的真实需要及学科专家建议的基础上来确定教育目标。

(4)施瓦布在他的理论中这样叙述:"教师、教材、学生、环境是课程的四个主要因素,它们之间相互持续作用,便构成了实践性课程。"

(5)斯滕豪斯说:"在学生和教师以及教育环境有着相互作用的过程中才能产生课程。教育基本上是一个演进过程。而且,它是渐进生长的,它扎根于过去而又指向于未来,从这个意义上说,它又是一个有机的过程。"

(四)教学资源整合的方法

1.挖掘生活素材法

语文的学习与生活有着天然的密切联系。我国大教育家陶行知先生曾经也提倡"生活即教育"的理念,大力推崇教师引导学生走进社会、贴近自然。回归生活的新课程理念,不时地在提醒我们:想要构建开放而富有活力的语文课程,就得面向现实,根植生活,这样,语文教学才能有更广阔的天地。

(1)要时刻指导学生随时留意自己身边的寻常琐事。对身边的小事,进行重新审视,利用自己已有的语文知识和生活知识,进行再认识,能够表达出新的感悟。

(2)引导学生关注时事政治、热点新闻。教师要引导学生去关心这些事件,从原本只是单纯听大人议论,变为主动地去了解、去关注,通过多媒体网络、电视新闻,报纸报道、论坛博客等载体,使学生真正产生自己的独有体验,提升自己的感悟,使师生在开发教学资源的过程中,培养自己的社会责任感。

(3)引导学生关注自然。指导学生去感受大自然的无穷魅力,发现大自然的无限美丽。在细心的观察下、真实的体验中,学生的内心世界才能与大自然的万事万物进行碰撞,生活的活水才能源源不断地注入学生的心里,注入我们的语文教学之中。

2. 文本互文关联法

互文性理论是西方重要的一种文本理论，文本互文，简要点说就是指每一个文本都有其他文本作为一面镜子，每一个文本都是对其他文本的吸收和改造。在一个文本中，不同层次、不同形式地存在着其他很多的文本，都是对过去的其他文本的重新组织。一向貌似"坚不可摧"的语文教学传统，束缚了语文教师的教学理念和教学方式，单一的文本解读方式，带来了语文教学思路的狭隘、学生对语文教学的不重视等弊端。传统的教师本位的教学，阻碍了学生的全面发展。

传统的"一本通"使学生的视野受到了限制，也使学生的思维受到了限制，学生的探究能力和综合能力不能得到全面提高。新课改突破了传统的束缚，坚持以学生为主，以教材为例，学生学习与生活的视野得到了拓展，学生学习语文的能力得到了培养，这有助于提高学生的语文素养。将文本互文关联法引入语文教学资源的开发中，鼓励语文教师将语文教材作为例子，开发与之相关的其他文本资源，对教材内容进行拓展延伸，这样才能更好地开阔学生的视野，培养学生自主学习、综合学习的能力。

新课标明确指出："在加大思维能量的同时，扩大有效信息量的传递，课内阅读与课外阅读要紧密结合。要指导学生到更广阔的阅读天地中获取信息、丰富知识、陶冶情操。"用文本互文的方法来开发语文教学资源，既可以将已经学习过的语文知识作为开发的资源，使学生在对比、联想中收获新的感悟，也可以开发其他形式的自然资源或者艺术作品资源，与即将学习的文本结合，从中得到自己的体验。

叶圣陶先生曾经这样说过："语文课本好像一把钥匙，用这把钥匙能开发无限的库藏。"教师只有掌握了文本互文法这样的开发语文教学资源的方法，才能真正构建语文教学新课堂，才能够让学生的思维插上翅膀，在语文教学中驰骋飞翔。在语文教学中利用文本互文法开发教学资源，能够带领学生全方位地真正走进语文教学，将学生置于一个更加开阔的思维空间。

开发语文教学资源并不是简单地增加学生的语文阅读量，而是通过开发语文教学资源，通过文本互文的方法，促进学生对原文本的领悟生成；也不是简单的文本内容增加，而是通过语文教学资源对原文本的主题进行拓展升华。所以，语文教师在利用此法开发语文教学资源时，一定要找准原文本与开发文本之间在内容和情感上的平衡点，仔细挖掘文本互文之间学生感知和情感的切入点。只有选好了这个，所开发的语文教学资源才能够在语文教学中得到有效利用。

3. 情景体验法

开发语文教学资源，创设语文教学中的"情"，引领学生走进语文教学中的"景"，从学生在语文学习中的感知出发，把握学生在学习过程中的认知情感状态，对此状态做出合理的回应，调整语文教学环节，实现语文教学目标。没有"情"的语文教学，学生学习语文的动力就得不到激发；没有"景"的语文教学活动，学生学习语文的效果就不能得以巩固。

苏联的教学论专家特金曾经这样说："我们建立了很合理、很有逻辑的教学过程，但它给予的积极情感很少，因而引起很多学生苦恼、恐惧和别的消极感受，阻止他们全力以赴地去学习。"所以在开发语文教学资源的过程中，教师要将学生引导到与教学内容相关的情景之中，以促使学生真实地感受，得到真实的体验，培养学生听说读写的能力，锻炼学生的语文思维，从而提升学生的语文素养。

情景体验法的提出主要来自情感认知的动力功能原理。情感认知的动力功能是指情感对认知活动的推动效果或阻碍效果，这也就是说，健康、向上、积极的情感能够对认知活动起到增加、推动的作用；反之，消极、不健康的情感对认知活动会有减弱、阻碍的作用。利用这一原理，语文教学资源开发中的情景体验法，就是要求语文教师利用所创设的环境，引导学生做出相应的情感体验，直接激发学生学习语文的兴趣，继而提高学生对学习本节语文课的积极性，使平时被冠名枯燥无味的语文课成为学生愿意自主学习的快乐课堂。

情景体验法可以推广到语文教学的各个环节。语文教师利用情景体验法，将学生看作语文教学资源的再次开发者，引导学生带着情、融入景，以最佳的状态学习语文。全方位地开发语文教学资源，将学生引入情景中自我体验，这也是语文教师在开发教学资源时应该关注的方法。所以教师需要开发多种语文教学资源，运用多种语文教学方式来活跃语文课堂。语文教师可以采用辩论会、故事、小组讨论及戏剧表演等多种教学形式，这些形式本身就是一种语文教学资源，而且经过学生的演绎，又会成为一种新的语文教学资源，将它们合理地选择加工，就能够更好地为语文教学服务，同时也应该注意，在使用语文教学资源的过程中，不得哗众取宠，不能为追求方式新颖而忽视了语文课本该有的语文性。

五、考核与反思

（一）达标考核

【考核资料】"问君能有几多愁"——就《诗词五首》的教学看语文课的整合效应。

作者设计本案例的背景介绍：人教版九年级上册第25课由五首词组成，分别是温庭筠的《望江南》、范仲淹的《渔家傲·秋思》、苏轼的《江城子·密州出猎》、李清照的《武陵春》、辛弃疾的《破阵子·为陈同甫赋壮词以寄之》。教材上是按照诗人所处的年代排列的，如果按照这样的顺序教学，内容就会显得很散乱。在对这五首词进行了研究之后，执教者决定对这五首词进行整合教学。

> **"问君能有几多愁"教学实录**
>
> 第一课时
>
> 师：同学们，记得有一位著名作家说："痛苦的感受往往比幸福的感受更加刻骨铭心。"今天我们要通过五首词的学习，去感悟和体会古人的愁。请大家把全课五首词自由地大声朗读一遍，说一说如果以愁为分类标准，这五首词可以怎样简单地分一下类？（生

摇头晃脑自由朗读，交头接耳）

生：词中有些人很愁，有些人不愁。

生：词中有些人愁，得很厉害，有些人只是一般愁。

生：有男人的愁，也有女人的愁。

生：有男人描绘的愁，也有女人描绘的愁。（众笑）

生：有的为家事愁，有的为国事愁。

生：有的为亲人愁，有的为理想愁。

……

【点评】

简单导入，直入正题。开篇整合，建构全课整体意识，第一次对比，为思维预热。

师：那这样好不好，让我们先来体会一下两位古代女子的愁。我再请两位同学朗诵，听完后，请大家说说你感觉到诗词中的两位女子她们各自在为何而愁？

【点评】

进入第二次整合对比。不足的是板块的过渡稍显生硬。

（请同学朗诵《望江南》和《武陵春》）

生：我感觉《望江南》中的女子好像是在等待她的心上人，可是没有等回来，所以她愁。我没有感觉出来在《武陵春》中李清照到底为什么愁。

生：我也是。《武陵春》中的愁好像比较多，最后一句是"载不动许多愁"嘛！

师：那这个问题我们先放一放。现在请大家再把这两首词自由地读两遍，想一想，同学之间还可以讨论一下：你觉得两首词中的女子哪个更愁？大家一定要紧扣原词中的关键词句来印证自己的想法！（生自由朗诵，讨论）

【点评】

从另一个角度巧对比、巧整合。

生：我认为《望江南》中的女子更愁，因为她愁得都"肠断白频洲"了啊！还有什么愁比"肠子都愁断"了更愁呢？

生：我不同意，李清照的愁连船都载不动了，这才是最重的愁。

生：不能这样比吧，这两个句子都是诗人应用了大胆的联想和想象写成的，是化抽象为形象的写法。这样比的话，不客观。

师：有道理，大家能够关注到对愁的形象描绘很好，但最能证明你的观点的还应该是主人公的行为和思想！

生：李清照最愁。《望江南》中的女子还"梳洗"，可李清照却"倦梳头"，一个女子连梳妆打扮都不想了，那她一定非常愁闷了。

生：是的，俗话说："女为悦己者容。"《望江南》中的女子还可以打扮得漂漂亮亮地等丈夫回来看，可李清照连打扮自己的兴趣都没有了，我猜她的丈夫一定已经去世了。

师：你很聪明。写这首词的时候，李清照的丈夫已经去世很多年了。

生：我还是觉得《望江南》中的女子更愁，你看她"独倚望江楼"，一个人在那里等啊等啊，看了一帆又一帆，从早上一直等到"斜晖脉脉"的傍晚，等了整整一天啊，可最后还是失望了，难道说她的愁不深重吗？

师：你这个分析很到位。但"倚"字品得还不够，哪个同学帮帮她的忙？

生："倚"是"靠"的意思，她靠在望江楼上，很孤苦无依的样子！

生："倚"还显得这个女子很柔弱，没有力气。

生：她一定是望得太久了，所以浑身酸软，就只能"倚"着了。

生：主要不是身体问题，还是心事太沉重了。

师：对了，这样抓住关键词推敲，人物的形象就鲜明了。

【点评】

对"倚"的品味环节是课堂上机智生成的，处理得不错。

生：我不同意刚才同学们的看法。《望江南》中的女子是愁，但是她毕竟还有事情可干。可李清照呢，她却觉得"物是人非事事休"，她觉得什么事情都没有意义了，所以她干什么都索然无味了，我认为这样的愁才最愁。

生：我有同感。她不仅不想梳头，就连去双溪泛舟也提不起兴趣呢！

生：（高高举手）老师，我发现课文中的插图不太好。

师：你说说。

生：一是诗人窗前的花木太繁盛，没有"风住尘香花已尽"的凄凉感觉。二是图中画了一轮弯月，这就表明是晚上了。而诗中写的时间不应该是晚上。

生：是晚上，不是说"日晚"嘛。

生："日晚"不是晚上，如果是晚上，那李清照不梳头就很正常了，谁晚上还梳头啊？

生：对，都晚上了，李清照怎么会想到去泛舟呢？

师：有道理，古代女子有夜生活的很少。（众笑）

生："日晚"是日头很高的时候，可能是要到中午了，她都还不想梳头，可见心情非常郁闷！

【点评】

这是旁逸斜出的一笔！学生的自主质疑很有力度，教师能在具体的语言环境中解决学生的困惑，处理得不错。

> 生：这是因为李清照的丈夫已经去世很多年了，她已经习惯了，她怎么可能比还在盼望丈夫回来的女子更愁呢？
>
> 生：我不同意。确实李清照已经绝望，《望江南》中的女子是正在绝望，我认为已经绝望比正在绝望更愁。（生鼓掌）
>
> 生：《望江南》中的女子稀里糊涂，经受的是希望的煎熬，而李清照已经是心如死灰，我认为这比前一种煎熬更痛苦。（学生争论不休）
>
> 师：同学们，这个问题比较复杂，也许当你们的生活阅历多一些后，你们的体会会更加深入。王老师想起了金庸《神雕侠侣》中的杨过对小龙女16年的痴痴等候。16年的痛苦等待他都熬过来了，那为什么要在最后得知小龙女活着不过是一个谎言后却没有再活下去的勇气，而毅然跳崖自尽呢？
>
> 生：他活下来是因为他心中还有希望，他选择死是因为他在善意的谎言中清醒过来后绝望了。
>
> 师：对杨过而言，哪种痛更为深呢？
>
> 生：清醒之后的痛。
>
> 师：对了，同学们，人的情感是一个难解之谜。但是，我们必须知道，人生存下去的本质力量是靠希望：哪怕这种希望只是星星之火，它也可能成为一种生存的信念。而最残酷的人生境遇是没有希望，也就是绝望。绝望这种痛，是人生之最大痛。大部分轻生者选择死亡，并非因为生活得艰难，而恰恰是希望的丧失。正如同学们开头提到的，李清照的愁在词中很难表述清楚是哪一种愁，因为在她的生命历程中融入了太多的苦难。初一的时候，我们学过她的《如梦令》，大家一起背诵出来好吗？（生齐背：唱记溪亭日暮……）
>
> 师：从李清照在年轻时代写的这首词中，我们感受到了一颗青春快乐的心。是的，李清照的前半生是幸福得让人美慕的。她和夫君赵明诚是才子才女，结成佳偶，夫唱妇随、琴瑟和谐。而写这首词时，李清照已经53岁了，她流落江南，茕茕一身，辗转飘零，历尽了生活的艰辛和人世的坎坷。她的愁岂止是心爱的丈夫早逝之愁，这其中还有国家的败亡、家乡的沦陷、文物的丧失，这愁，让她"寻寻觅觅、冷冷清清、凄凄惨惨戚戚"，让她"梧桐更兼细雨，到黄昏，这次第，怎一个愁字了得"，让她只有"在人屋檐下，听人笑语……"这种愁，岂止是双溪的舴艋舟载不动，就是历经千年之后的无数的读者的心痛汇聚而成的心灵之舟也载不动啊！

【点评】

这番争论整合了课外阅读资源、旧知识资源，比较有深度，学生课堂反应很动情。

师：两位女子都愁，但愁的对象不一样，愁的形式不一样，愁的深度也不一样，连表达的形式也不一样。现在同学们再自由动情地朗诵一遍，品味一下两首词在具体描绘愁时的艺术方法各有什么妙处。（师生再一次动情诵读两首词）

生：我觉得《望江南》中最动人的是"斜晖脉脉水悠悠"，情景交融，很有感染力。

生：这首词只有30个字，却从早上写到傍晚，从人写到楼写到船写到江还写到了洲，内容含量还是很大的。

生：人物情感的变化也很有层次，从希望写到失望写到断肠，很让人揪心。

生：最妙的是虽然只写到了人物的动作，却可以让我们想象出人物的表情和心情。文字很少，留给读者的想象空间却很大。

师：评得不错，还涉及了留白艺术的表现手法。

生：《武陵春》中有两句很著名：一句是"物是人非事事休，欲语泪先流"，一句是"只恐双溪舴艋舟，载不动许多愁"。

生：是的，前一句是欲说还休、入木三分。而后一句是想象奇特、出人意料。她把抽象的愁写出了重量。

师：愁不仅有重量，还有长度，比如"问君……"

生：问君能有几多愁，恰似一江春水向东流。

师：愁不仅有长度，还有深度，比如"月落乌啼……"

生：月落乌啼霜满天，江枫渔火对愁眠。

师：有的愁既重又长又深的，比如"抽刀断水……"

生：抽刀断水水更流，举杯销愁愁更愁。

师：同学们，这是古人的一种愁，愁得让人黯然神伤，愁得让人缠绵悱恻，不管是思妇闺怨之愁，还是国破家亡之愁，但这些都是典型的女子之愁。下节课我们将要感受的是男儿的英雄之愁。（在自由背诵中结束第一课时）

【点评】

轻轻一宕，又是一次旧知识的整合——自然天成。

第二课时

师：请同学们自由朗读《渔家傲》《江城子》《破阵子》，然后谈一谈你的第一感受，你认为这三位诗人，谁的愁最重？谁的愁稍轻呢？（生自由高声朗读）

生：我认为范仲淹的愁最重，其次是辛弃疾，苏轼根本就不愁。

生：我也认为苏轼不愁，但我认为最愁的是辛弃疾。

师：那我们暂时把苏轼放一放，现在说说到底是范仲淹更愁，还是辛弃疾更愁，

【点评】

这是在整合基础上的再整合，课堂继续朝着纵深发展。

> 生：我觉得辛弃疾更愁，词的结尾是"可怜白发生"，这五个字特别醒目，字字泣血啊！
>
> 生：但是范仲淹的词中也写了白发啊，不仅有白发，还有泪呢！
>
> 师：谁的白发？谁的泪？
>
> 生：将军的白发、征夫的泪。
>
> 师：征夫就没有白头发了，他们永远年轻？（生思考）
>
> 生：哦，应该是将军和征夫的白发和泪。前几天才学了"千里冰封，万里雪飘"呢！
>
> 师：这种修辞手法叫作——
>
> 生：互文。

【点评】

这种"故意误问"是一种虚拟问，能够加深学生对基础知识的理解。

> 师：对了。同学们不要忘了，抒情一般有两种：一种是直接抒情，一种是间接抒情。间接抒情可以通过描写记叙等来抒情，大家从这个角度审视一下两首词！

【点评】

为学生指明理解的思路、方法，引导得不错。

> 生：我感觉《渔家傲》的描写要感伤一些，而《破阵子》的描写要欢快一些。
>
> 师：这个感觉很重要，大家顺着这个思路去思考。
>
> 生：在范仲淹的笔下，塞外的风景很让人伤感。大雁一点儿不留恋地飞走了，一轮落日、一座孤城，城还是紧闭的。
>
> 师：强调孤城"闭"，暗示着什么？
>
> 生：边关告急，战事很吃紧。
>
> 生：还有满地的霜、连绵不断的山峦啊，反正挺清冷的。
>
> 生：还有声音，也很让人愁，大风、号角、羌笛、马啸、雁叫，一声声都催得人心中紧。
>
> 师：一声声都催得人心中紧！这话评得妙。不要忘记词中的人都在干些什么。
>
> 生：在"不寐"，睡不着觉，失眠了。
>
> 生：愁啊，睡不着觉，就喝酒，喝的还是不好的浊酒。
>
> 师：这些景、这些声音、这些人合在一起，就构成一幅边关特有的景色。就如范仲淹自己在词中所说的——
>
> 生：风景异！

【点评】

充分利用联想想象进入情境，导得比较轻松。

> 师：对。那我们再看看，同样是描写边塞，辛弃疾的笔下又有什么不同呢？读一读，比较一下。（生自由朗读）
>
> 生：不一样！辛弃疾的边塞风景热闹得多，豪气得多。声音是大碗喝酒、大块吃肉的声音，各种乐器合奏的声音。
>
> 生：还有骏马飞驰的声音、良弓拉开的声音、沙场点兵的声音。
>
> 师：这些声音给我们的感觉是什么？
>
> 生：热烈激昂、豪气冲天。
>
> 生：热血澎湃、激情洋溢。
>
> 师：说得好！在这样的声音中，我们可以想象画面中的人会是怎样的一种心情呢？
>
> 生：为建功立业而自豪，因为他们"了却了君王天下事，赢得了生前身后名"！
>
> 师：既然如此，辛弃疾为何要愁？
>
> 生：可怜白发生啊！当初建功立业的年龄一去不复返了！
>
> 师：这和范仲淹在词中表现的愁一样吗？

【点评】

在关键处点拨，让学生的思维渐入佳境。

> 生：不一样，范仲淹还在感叹"燕然未勒归无计"呢！
>
> 生：范仲淹是壮志未酬，而辛弃疾是渴望壮志再酬。（众鼓掌）
>
> 师：妙极了！因为愁的内容不同，所以同样的边塞风景，在他们笔下却有迥然不同的感受。同学们，这又应了我们经常在强调的一个美学观点：一切……
>
> 生：景语皆情语。
>
> 师：来，再次自由诵读，体会这相同的土地酝酿出的不同的愁。（生自由朗读）

【点评】

在整合中对比，效果不错。

> 师：现在我们来研究一下苏轼的愁。刚开始大家都说他根本就不愁，谈谈理由。
>
> 生："鬓微霜，又何妨"，他自己豁达得很，何来愁？
>
> 生：他像少年人一样意气风发，左手牵着黄犬，右手擎着苍鹰，穿着时尚的锦帽貂裘，很青春得意呢！（众笑）
>
> 生：他还很有魅力，"千骑卷平冈"，有众多的追随者啊！
>
> 师：谁来品品这个"卷"字。
>
> 生：写出了一种气魄。
>
> 师：还不够，气魄怎么写就出来了？

生：跟随苏轼的人很多。

师：仅仅是多吗？

生：还有速度快。

师：对了。人既多又快，场面的热烈就出来了。

【点评】

没有忘记这是语文课，要时时紧扣关键词语。

生：这种气势也反过来激发了苏轼，他还自比为孙郎，要当射虎英雄呢！

生：何止是射虎！他要射的是天狼星，他建功立业的豪情也被激发出来了。

师：同学们说得有理有据，连老师也不得不服，看来苏轼还真不愁。不过我想起了刚才一个同学的一句话："这种气势反过来也激发了苏轼的豪情。"对了，环境对人是有催化作用的。但是，如果不催化，作者的心情会是如何呢？在字里行间真的就没有流露出哪怕一丁点儿的愁吗？大家再读读书，细细品。（生各自小声读书）

【点评】

抓住学生发言的信息进行引导，这个板块的过渡就比较自然。

生：哦，我感到"何日遣冯唐"的"何日"有些愁的意味，毕竟建功立业还只是一种向往。

生：还有，开头的那句"老夫聊发少年狂"的"聊"很值得挖掘，"聊"是姑且、尚且的意思，苏轼还是觉得自己已经无少年血气了，所以只是趁这次机会"勉强、姑且"狂一下罢了。

生：是啊，这个"聊"字让我们读到了这首词意气风发之外的无奈，而"何日"更使我们感受到了词人心中的恐慌。虽然借着酒劲儿，借着一时之欢，作者放浪形骸，做了一回少年英雄，但是，现实是残酷的，在欢乐的缝隙里，我们还是感受到了词人心中的愁，那想掩饰却终于没有掩饰得了的，想忘记却终于没有忘记得了的愁啊。（众鼓掌）

师：说得太好了！写《密州出猎》的时候，因为对王安石变法持不同意见，苏轼自请外任。这时他的仕途上已经布满了阴影。他在这首词中所问的"何日遣冯唐"的理想其实到死也未能实现。在《念奴娇·赤壁怀古》中我们不是又读到了一个苏轼吗？那里面还是那个要射虎要射天狼的苏轼吗？我们背背《念奴娇·赤壁怀古》。（师生齐背：大江东去……）

师："人生如梦，一樽还酹江月。"同学们，也许，把这份愁彻底展现出来的苏轼，才是一个更真实的苏轼。苏轼之愁，虽然体现得很含蓄，但是他和范仲淹一样，其愁是难以排遣、难以挥去的！这就是中国古代典型的壮志难酬的志士之愁。让我们再比较着朗读一遍，体会一下他们的愁。（生自由朗诵三首词）

【点评】

整合旧知，再次掀起理解和情感的高潮。

> 师：不管是壮志难酬的愁还是渴望壮志重酬的愁，在英雄的笔下，这种愁还是和女子的愁是不一样的。同学们再比较一下两位女子表达的愁和三位男儿表达的愁。
>
> 生：女子的愁较纤细而敏感，男儿的愁则豪放阔大得多。
>
> 生：承载女子愁的世界是风花雪月，而承载男儿愁的世界是苍茫边关。
>
> 师：所以，我们可以用凄凉来表达女子的愁，但不能用凄凉来表达范仲淹等人的愁。用什么表达比较好呢？
>
> 生：苍凉！以前讲《三峡》的时候讲过这种特殊的美。
>
> 师：对了。不同的人格形态决定了不同的情感形态。不仅是一切景语皆情语，而且是一切情语皆人语。所以，我们在朗读的时候，更要准确把握五位词人在个性气质上的差异。现在就请同学们根据自己的理解自由设计朗读，然后起来表演朗读。（在朗读中结束全课）

【点评】

最后一次整合对比，凸显五首词的整体性，而且进一步深化思维。

【点评】

教师要能"跳出三界外，不在五行中"，要有意识和能力对教材进行深度开发、深度解读，深度整合，深度拓展。唯有如此，教学资源才能得到最大限度地开发，课堂教学才能出现新境界。这是效果比较好的两堂随堂课，除了师生的交流很和谐，课堂对话流畅深入，教学环节比较自然外，其成功的一个最重要的原因就是整合效应。可以用五句话来概括这种较有特色的课堂整合：

（1）深度开发教材，促成内容的整合，避免了教学的零敲碎打；

（2）机智生成课堂内容，促成教学方法的整合，避免了教学的单一呆板；

（3）反复应用对比，促成了教学资源的整合，避免了教学的单打独斗；

（4）巧妙前后勾连，促成了新旧知识的整合，避免了教学的浅薄平庸；

（5）多管齐下引导，促成了多维目标的整合，避免了教学的功利世俗。

1．案例评价

结合所学内容，在理解的基础上结合如表4-5所示"整合教学资源能力"评价表，进行实践操作，对上面这个教学设计进行评价。

表 4-5 "整合教学资源能力"评价表

能力要点	合 格	良 好	优 秀
整合教学资源能力	开发一定数量的教学资源。基本能够利用教学资源的各自特点，整合教学资源	开发一定数量的和较多形式的教学资源，较好地利用教学资源的特点，较为恰当地整合教学资源，较好地突破教学重难点，并拓宽学生的思维认知	开发大量的各种形式的教学资源，能够恰如其分地整合教学资源，对教学设计起到重构的作用，使教学资源发生价值上的变化，对学生的思维认知达到多角度的训练

（1）请你写出这个设计在教学资源开发与整合方面的精彩处。

_____

_____

（2）这位老师的教学设计在资源开发与整合方面给了你怎样的启示？请谈谈你的感受。

_____

_____

2. 案例设计

根据所学内容，在理解的基础上结合"整合教学资源能力"评价表，请你结合自身教学，设计一个整合教学资源延伸拓展的实例。

_____

_____

（二）反思角度

（1）整理本专题学习要点。

_____

_____

（2）学习本章节给你的教学带来怎样的帮助？解决了教学中的什么问题？

_____

_____

（3）你认为自己在开发和整合教学资源方面做得比较好的是哪部分内容？最欠缺的是哪部分能力？

_____

_____

专题五 恰当提问、有效追问

一、问题的提出：如何提高教师"恰当提问、有效追问"的能力

根据《北京市朝阳区教师教学基本能力检核标准》中对教师教学能力的划分情况，"提问追问能力"是"教学实施能力"中的一个重要环节。

恰当提问就是在教学过程中，教师根据一定的教学目标要求，针对有关教学内容，设置一系列问题情境，要求学生思考或回答，以促进学生积极思维，提高教学质量的一种教学方式。

有效追问就是在学生回答教师提出的问题后，教师根据学生的回答，有针对性地进一步引导，从而更加深入地提问。大多数情况下，提问之后都要进行追问。追问策略的运用，需要教师有灵活的教学机智，能迅速捕捉学生答问的情况，及时做出判断、反应，再组织合理的新问题继续追问。

（一）设置课堂问题的层次

提问的类型按思考水平来分，可分为记忆性问题、思考性问题、探索性问题。提问的方法更是多种多样：次序法、铺垫法、核心法、对比法、想象法、破题法、评论法……这些方法经过课堂教学的实践证明都是很有效果的。一般来说，课堂教学设置的问题有这么几个层次：

（1）第一类是问"是什么"或"对不对"的判断型的问题。

这类问题是最简单的，只要稍动脑筋，每个学生都可以回答出来，因此，这类问题的提问对象主要是后进生。

（2）第二类是问"怎么样"的描述型的问题；

（3）第三类是问"为什么"的分析型问题。

后两类问题有一定的难度，需要学生识记有关知识，甚至要求学生在理解的前提下解释和分析其中的原因，一般来说，这两类问题对后进生是比较困难的，因此，这两类问题的提问对象主要是中等生

（4）第四类是问"有什么异同"的比较型；

（5）第五类是问"有哪些不同意见"的创造型问题。

对一般的学生来说，要较好地回答出这两类问题很难，因此这类问题的回答只能由那些思维敏捷的优等生来完成。

所以优化课堂提问，要讲究课堂提问的艺术，让不同层次的学生都能参与到教学过程中，使整个教学过程充满认识性、理解性、评价性、创造性，使学生在有限的时间内手、脑、嘴并用，这样，整个教学过程就会显得有序而不呆板，优质而不杂乱，有得而不肤浅。

（二）设置课堂提问要关注的问题

课堂提问的目的性原则中明确指出了课堂提问的四个基本作用，即评价学生、检查教学、体现学生的主体地位和发挥教师的主导作用。那么，到底怎样才能很好地设计课堂提问呢？

（1）有效提问要基于对教材的精准解读和对教学目标的精确把握，也就是把握住教材的重点和难点。著名特级教师于永正说过："课前，老师得先和文本对话，即钻研教材。只有把教材把握好，才能和学生交流。"基于对教材的精准解读和对教学目标的精确把握的提问，犹如摸准穴位扎针，在有水源处打井，可以使课堂提问真正实现价值。

（2）有效设问要关注学生的实际学情，必须基于学生的知识储备、思维发展的实际情况和学段目标来综合考虑，即要关注学生原有的认知结构。

（3）有效设问还必须关注课堂提问的技巧与艺术，对于学生来说，有难度的问题要通过多种方法为其搭建合适的台阶，可以设计有坡度的连续性的问题，也可以设置一定的问题情境。对于完整的课堂教学来说，课堂提问还要特别关注问题与问题之间的联系与呼应，应根据课堂上的实际情况随时调整预设，及时变通。

恰当提问、有效追问是课堂教学艺术中教师语言艺术的一种表现，是一种语言的运用形式，是以教师为主导，巧妙激活学生思维，有效创设课堂情境，引人入胜的一种语言技巧。简明扼要、条理清晰、目标明确的问题能激发学生思考的积极性，使学生养成善于思考的好习惯，从而提高学生的思维品质。设置的问题应该是使学生乐于、急于、便于思考，正确引导学生由"好知"到"乐知"，在学生思考中有一个"质疑——解疑——探求"的循环过程，由教师设疑向学生质疑转变。作为一个语文教师，课上能否提出高质量的问题，能否使提出的问题达到预期的目的，是评价一个教师教学水平高低的标准之一。

课堂提问在教学方式上被称之为谈话法，追根溯源，在西方称其为苏格拉底式教学——

通过灵活的提问激发学生的创新意识和批判思维。而在中国，就是孔子的启发式教学"不愤不启，不悱不发"。著名教育家陶行知先生也曾说过："发明千千万，起点是一问。禽兽不如人，过在不会问。智者问得巧，愚者问得笨。"

《北京市中小学语文学科教学改进意见》在第八项"不断深化学习评价方式改革"中明确提出，语文教学要"突出评价学生的语言运用能力、独立思考能力等语文综合素养。"而独立思考的能力正是通过不断提问、质疑、再提问、再质疑最终到解疑，从而引发学生探究和深入，最终提升的。爱因斯坦说过："提出一个问题比解决一个问题更为重要。"教师在向学生发问前，心中一定要有学生与教材，问题一定要能准确体现教师的教学思路，紧扣课文重点，抓住课文难点，寻找突破点，巧妙地设计出能够以点带面、牵一发动全身的高效问题。所以恰当提问、有效追问可以激发学生的兴趣，启发学生的思维，活跃课堂气氛，检验教学效果，从而提高教学质量。

提问是否恰当，追问是否有效，是课堂教学能否引发学生积极主动思考，认真深入探究的关键。所以在本章中，我们针对如何提高教师"恰当提问、有效追问"的能力和大家一起进行学习、交流和实践。

现在我们一起结合几个活动或者是几个问题，看一看教师们"恰当提问、有效追问"的能力现状。

▶▶ **活动 1**

你所教授过的语文课中，哪些课你能清晰地回忆出在课上设置的问题？你设计这些问题时的依据是什么？你设置问题的答案和学生的实际回答一致吗？你预设过学生可能出现的答案吗？

_____

_____

设计这一活动的目的是：让你明白，你为什么设置这个问题？你设置这个问题的依据是什么？学生和你的答案不一样怎么办？你有没有从学生的角度思考过这个问题？

▶▶ **活动 2**

你在课堂上提的问题有层次或梯度吗？你一般会在课堂教学的哪个环节设计问题？在这一环节设计问题想解决什么？

讨论：请将自己的理解在小组内和大家交流分享，通过交流讨论，对上述问题的答案达成共识并填写在下面的横线上。

_____

_____

设计这一活动的目的是：让你明白，你的课堂提问是随意的，还是有针对性的？你对问题间的联系有没有思考？依据不同的课型，在哪一环节提问最有效？因为，在不同的环节，提问要达到的目的是不一样的。

▶▶ 活动3

在课堂教学中，当你预设的答案和学生的回答不一致时，你怎么解决的？你敢于在课堂上向学生提出一些有争议的问题吗？你对预设答案和学生回答不一致的现象有过反思和总结吗？你会依据不同班级的学生设不同的问题吗？

设计这一活动的目的是：让你明白，课堂提问的目的一定是激发学生思考，不是向学生灌输你的思想。一定要敢于让学生质疑，只有学生质疑，才能真正思考。要善于总结自己在教学中的失败与成功，课堂提问才有价值。

二、对于"恰当提问、有效追问"检核标准的解读

"恰当提问、有效追问"检核标准如表5-1所示。

表5-1 "恰当提问、有效追问"检核标准

能力要点	合 格	良 好	优 秀
恰当提问有效追问	能够根据教学设计适时进行课堂提问，问题本身和表述能让学生理解，减少自问自答、是非问答、集体回答等情况	能够根据学生情况选择恰当的对象进行提问，问题精当并有一定层次性，并能根据学生回答问题的情况灵活有效地追问	能够根据课堂上变化的学情，及时调整提问内容和方式，重视培养学生的问题意识

（一）对合格水平教师的要求

能够根据教学设计适时进行课堂提问，问题本身和表述能让学生理解，减少自问自答、是非问答、集体回答等情况。

1．提问

这是指教学过程中，教师根据教学内容、特定的学情和教学目标的要求，提出为达成教学目标要解决的主问题。在学生对主问题的理解有困难时，教师围绕主问题设计一系列有层次的问题，以求从不同的认知角度引导学生思考，最终解决主问题。

2．追问

就是学生回答教师提出的问题后，教师根据学生的回答，通过启发引导，进一步地深入提问，最终引导学生达成教学目标。大多数情况下，提问之后都要进行追问。追问策略的成功运用需要教师有灵活的教学机智，能迅速捕捉学生答问的情况，同时及时做出判断、

反应，再组织起合理的新问题。

课堂教学中所设计的问题，一定是根据教学内容，结合特定学情和目标而提出的，不是课堂上的随意而问，更不是学生脱口而出的"是"或"否"。而且设计的问题一定要有梯度，能从不同角度引导学生思考。

（二）对良好水平教师的要求

能够根据学生情况选择恰当的对象进行提问，问题精当且要有一定的层次性，并能根据学生回答问题的情况灵活有效地追问。

1．恰当的对象

在设计和提出问题的时候，不但要考虑全体学生，更要照顾个别学生，特别是优等生和后进生。所以要根据问题的难易程度，选择恰当、合适的同学进行提问。而且设置的问题必须循序渐进，由浅入深，由简到繁，要注意提问的有序性。杂乱无章的随意提问会分散学生对重点的注意力。要根据教学目标和重点，全盘考虑整节课提问的主次和先后，力求做到主次分明、先后有序，使所提的问题前后贯通、相互配合，有助于推动学生思考、分析问题。

2．提问和追问的区别

提问往往具有预设性，是教师在备课过程中针对教学内容、学情分析和教学目标设计好的。而追问更多的是随机的、不确定的，是教师在课堂教学过程中，因学生回答问题的情况而产生的，具有很强的生成性。所以有效的追问能力更能显示出一个教师的教学水平。

（三）对优秀水平教师的要求

优秀的教师要能够根据课堂上变化的学情及时调整提问内容和方式，重视培养学生的问题意识。

1．恰当提问

"恰当"是指提问要恰好、适当、科学，是指提出的问题具有统领性，能够贯穿教学内容，精练扼要，言简意赅，问题不琐碎、不杂乱、不交叉、不肤浅。能够围绕教学内容，紧扣教学目标，符合学生已有的生活和教学经验，不低于或高于学生的认知水平，是学生"跳一跳"能摘到的，即瞄准教材的重点、难点、关键点和学生的疑问点提出问题。

2．有效追问

"有效"是指追问的时间要合适，追问的问题具有层次性，能引导学生逐步地深入思考。孔子说："不愤不启，不悱不发。"追问的最佳时机应当是学生"心求通而未得""口欲言而未能"的"愤""启"状态。教师提出问题后，学生的回答往往出现以下三种情况：

（1）有一部分答案，但答案肤浅、片面，不完整、不准确；

（2）有解决问题的思路和方法，但没有具体答案；

（3）虽一时不能回答，但有回答的自信心。这三种情况正是处于"愤"与"悱"的境地，此时教师如果急于得出正确的答案，轻易地换别的学生回答或教师直接讲解，那就错过了有效追问的最佳时机。教师应在认真倾听学生回答的基础上，找到学生对回答问题的合理点，发现学生思维的障碍点，有针对性地进一步追问。

《朝阳区教师教学核心能力要点标准》中对"提问追问能力"有较为详细的说明，如表5-2所示。

表 5-2　"提问追问能力"解读标准

提问追问能力	恰当地提问	根据设计教学时构想的主问题，选择恰当的时机和对象、以恰当的方式提问。必要时对主问题进行变通处理； 根据课堂上变化的学情，临时提出一些散问题，或引起学生注意，或促进知识掌握，或启发思考； 提问恰当并有一定顺序，避免杂乱、肤浅等弊端； 问题本身及其表述能让学生理解； 掌握重复问题、重新表述问题、调焦（宽问题变窄问题）、停顿、搁置、分配等提问技术； 减少自问自答、集体回答、是非问答等情况
	有效地追问	根据学生回答问题的情况，进行灵活有效地追问，这对困难者起支架作用，对优秀者起深化和拓展作用； 掌握转引、提示、深化、转问、反问、回问等高级提问技巧； 鼓励学生提出问题，重视培养学生的问题意识

从表5-2中可以看出，"提问追问能力"主要关注的是教师两个方面的能力，恰当地提问与有效地追问。

三、"恰当提问、有效追问"典型案例交流

案例 1（不合格层次：提问设计不恰当，非常散乱，没有理清楚通过提问想解决的问题和想让学生学会的内容）

《台阶》案例片段

统计老师设计和提出的问题有 14 个：

师问 1：你能感知这篇小说的叙事视角吗？

师问 2：以谁为叙述者呢？

师问 3：采用第几人称呢？（以上三个问题，顺序不对，其实第 3 个问题应该最先问，或者不用问，学生也知道，所以对问题的设计没有层次）

师问 4：课文围绕"台阶"命题立意，材料的详略安排是怎样的？

师问 5：你认为文章的关键句是哪句？说说你的看法。

（第 4 和第 5 这两个问题放在这里显得多余了）

师问 6：为什么"父亲总觉得我们家的台阶低"？

师问 7：父亲为什么要造一栋有高台阶的新屋？

师问 8：父亲是怎么造起一栋有高台阶的新屋的？

师问 9：造好新屋后，父亲又有怎样的表现？

师问 10：作者为什么在老屋的三级石板上用了那么多笔墨？

（第 6 和第 7 个问题重复了，后面的 8~10 可以作为一系列的问题进行合理的追问）

师问 11："父亲坐在绿荫里，能看见别人家高高的台阶，那里栽着几棵柳树，柳树枝老是摇来摇去，却摇不散父亲那专注的目光。这时，一片片旱烟雾在父亲头上飘来飘去。"这一处描写表现了父亲什么样的思想感情？为什么不做心理描写？

（这个问题问得有些牵强）

师问 12：为什么新屋的主体工程写得简略？造台阶反而写得详细？

（这可以和前面的第 10 个问题结合在一起追问）

师问 13：父亲放鞭炮时的神情有什么特色？

师问 14：为什么父亲"回来时，一副若有所失的模样"？这种心态怎么理解？

（这是分析文章时应该穿插在具体段落里的，不应该最后单独提出来，显得很凌乱，不知道教师提这些问题对指导学生学习和理解这篇文章有什么意义。）

【点评】

这是我们在日常的教学中比较容易犯的错误，就是提问没有层次、没有分类、没有考虑到对学生的引导。这样的提问和讲授，往往是没有什么效果的，学生也不能从中得到新的思考。其实，通过合理的筛选和整理，可以把以上一些问题整理成以下内容进行讲授，效果就会很明确。

如在预习时，可以让学生思考以下问题：这是一篇写农村生活的小说，"我"眼中的"父亲"是千万中国普通农民的一个代表。他是怎样生活和劳动的？他有什么追求？他的平凡中有什么不平凡？作者怀着怎样的感情来叙述"父亲"与"台阶"的故事？而围绕"台阶"命题立意、组织文章，有哪些好处？

如在课堂教学中，可以设计四个大问题：

（1）熟读课文，试用第三人称陈述本文的故事梗概，思考这篇小说为什么要用第一人称来叙述故事？

（2）为什么"父亲总觉得我们家的台阶低"？

（3）"新台阶砌好了"，父亲为什么反而处处感到"不对劲"了？

（4）小说中"我"怎么看"父亲"？你又怎么看待"父亲"这一人物形象？

把这四个问题解决了，文章的重难点也就水到渠成地攻破了。

▮▮▮ 案例 2（合格层次：能根据教学过程适时提问，问题本身和表述能让学生理解，而且不是"是非问答"）

《阿长与山海经》案例片段

1. 预习时所留的问题

（1）"阿长"就是"长妈妈"，我们已经从《从百草园到三味书屋》这篇文章中知道她了。阿长怎么会有这么大魅力，在鲁迅的《朝花夕拾》里反复出现，甚至登上了文章的标题？借助课文中的注释，耐心地读完全文，做好交流读后感的准备。

（2）《山海经》是一本什么书？鲁迅小时候喜欢看什么样的书？与你小时候相比，是否有太大的不同？你现在还记得自己读的第一本书是什么吗？与这本书有关的人和事，你愿意找机会说一说、写一写吗？

2. 进行课堂教学时提的问题（思考探究）

师问 1：熟读课文，看看文章围绕阿长写了哪些事情？哪些是详写的？从这些事情中，你看出阿长是一个什么样的人？鲁迅为什么要写这样的一个人？

（如何描写人物，安排详略）

师问 2：这是一篇回忆童年生活的散文，作者当下的回忆与童年的感受转换自如、水乳交融。在整体感知全文的基础上，讨论并完成下列各题。

（1）分别找出代表"当下的回忆"与"童年的感受"的语句，体会它们的不同，揣摩二者之间的转换。

（2）在"当下的回忆"中，鲁迅对阿长的怀念充满了温情。你是从哪里读出来的？

（3）在"童年的感受"中，鲁迅对阿长的印象和态度是有变化的。试着画出变化的示意图，并作简要的解说。

师问 3："伟大的神力"在文中两次出现。联系上下文，思考两处表达的含义发生了什么样的变化？

师问 4：你读出了本文煞有介事、略带夸张、有点讽刺的语气吗？揣摩下列语句，讨论括号里的问题。

但到憎恶她的时候——例如知道了谋死我那隐鼠的却是她的时候，就叫她阿长。（作者写"憎恶"二字时还憎恶阿长吗？还认为阿长有意"谋死"了隐鼠吗？为什么要用"憎恶""谋死"这样的词语呢？）然而我有一时也对她发生了空前的敬意。（这里用"空前"来修饰"敬意"，给你什么感觉？你怎么理解"敬意"在文中的具体内涵？）夜间伸开手脚，占领全床，那当然是情有可原的了，倒应该我退让。（作者是否真的认为"情有可原""应该我退让"？你的看法、理由是什么？）（同一人物，截然相反的评价，目的何在？）

3. 课后的积累拓展

师问5：第一人称的回忆性散文，总是有两个"我"：写作时的"我"与回忆中的"我"，也总是写到了两种时空："现在"与"过去"；而阅读理解的关键，往往应该是"现在"的"我"的视角与感悟。那么，这是一种怎样的视角和感悟？（对回忆性散文共同特征的体会）

【点评】

这是从单元教学的角度设计问题的一个案例，现在有的教材是按照文体特征编排文章的，因此可以利用整体设计单元问题的方法，指导学生从阅读一篇文章融会贯通到阅读一类文章。这就要求老师在备课时，不但要有篇的概念，还要有一类文章的概念，也就是要逐步体现"教是为了不教"的教学思想，让学生逐步意识到，有一类文章，他们的阅读方法是相通的，这就是设计单元教学问题的概念。如人教版八年级有一组写"平凡人"的散文单元，其中包括《阿长与山海经》《老王》《台阶》等文章。芸芸众生组成了我们这个世界。本单元中，无论阿长、老王，还是"父亲"，都很平常，也难免有弱点；但是，他们又有不俗的品行或行为，值得我们敬重并学习：为人做事，既要甘于平凡，懂得凡俗人生的乐趣；又要勇于进取，追求卓越；更要永远把自己看成普通人，平等真诚待人。学习本单元，要努力学会熟读精思，从标题、作者，从详略的安排和选择的角度等方面入手发现文章重点；从开头、结尾，从文中的反复、疑难及特别之处发现关键语句；更要从一系列关键语句之间的关联处，以及这种关联同全文的叙述角度、详略对比的关系中，感受文章的深层意蕴乃至核心秘密。

案例3（良好层次：能根据课堂实情，通过有效追问，引导学生结合文本，深入理解文章内容，设计问题合理，符合学生的认知水平）

《端午的鸭蛋》案例片段

师：下面我们全班一起交流一下。哪位同学说说你喜欢的句子？

生：我喜欢第1段中"系百索子。五色的丝线拧成小绳，系在手腕上。丝线是掉色的，洗脸时沾了水，手腕上就印得红一道绿一道的。"

师：为什么喜欢这一句？

生：这一句中说"印得红一道绿一道的"，我觉得红绿交错，很好看。

师：写出了好看，除此之外，还有别的理由吗？其他同学有没有也喜欢这一句但理由和他不一样的。提示大家一下，注意关注这句话中的动词，大家找找这句话作者用了几个动词？

生：四个。

师：哪四个？

生：拧、系、沾、印。

师：在这四个动词中，表示系百索子的方法是哪几个？

生：拧、系。

师：这个"系"改成"捆"可以吗？

生：不可以。"捆"说明绑的东西很长很粗，太笨重了。

师：丝线是……

生：很细的。

师：那还是"系"更准确。后面那两个动词写出了什么？

生：趣味。

【点评】

追问要抓住核心问题，要提出能有效提高学生思维能力的问题。如上面这一段，作者对"系百索子"这一风俗的描写中，连用四个动词，生动准确。其实像这样的描写还有几处，如果此时能再追问一句："你还能发现哪些句子具有同样的特点？"也许就能让学生系统地认识到善用动词是作者的一大写作特点，会有更好的效果。

师：哪位同学再说说？

生："曾经沧海难为水，他乡咸鸭蛋，我实在瞧不上。"这句话写出了作者特别以家乡的咸鸭蛋为傲。

师：你说的这个"特别"是从哪个词语体会出来的呢？

生：实在。

师：除了自豪之情，还写出了什么呢？

生：爱家乡吧。

师：是不是还写出了故乡鸭蛋独步天下的豪情。

生：是吧。

师：你能不能给大家读一读，把这种特别自豪的味道读出来。

（生读。）

师：真不错啊。我感觉到他无比自豪、得意扬扬。再请其他同学说说。

生：我还喜欢"高邮还出双黄鸭蛋。别处鸭蛋也偶有双黄的，但不如高邮的多，可以成批输出。双黄鸭蛋味道其实无特别处。还不就是个鸭蛋！只是切开之后，里面圆圆的两个黄，使人惊奇不已。"这句话对家乡能成批输出双黄蛋感到很自豪。

师：这句话很有意思，"双黄鸭蛋味道其实无特别处。还不就是个鸭蛋！"好像对自己家乡的鸭蛋并不以为然啊？

生：他的重点在后半句话"只是切开之后，里面圆圆的两个黄，使人惊奇不已。"

师：你注意到"但"的转折意义了。非常好，下面我请同学总结一下，我们该如何品味语言？

生：可以品味修辞、品味动词、品味文言词语、品味口语，还有标点符号。

师：标点，我们刚才没有关注到，你能举个例子吗？

生："我对异乡人称道高邮鸭蛋，是不大高兴的，好像我们那穷地方就出鸭蛋似的！"结尾用了一个叹号。表达了作者对小看自己故乡人的强烈不满。

师：作者想表达的意思是什么？

生：我们那个地方除了鸭蛋，还出很多好东西呢！

师：标点也不可忽视，也值得品评。

（《端午的鸭蛋》案例片段由北京中医学院附属中学刘本芳老师提供）

【点评】

课堂追问要有实际意义，并不是所有回答都需要追问。如这一段，有学生提到"他乡的咸鸭蛋，我实在瞧不上。"学生品味出"实在"这个词语写出了作者很为家乡咸鸭蛋自豪的情感。老师又追问了一句"还写出了什么？"学生就费劲脑汁再想。等到老师说出作者写出了故乡鸭蛋独步天下的豪情时。学生反而更糊涂了，因为老师的理解和学生的理解其实大同小异，只是表达方式不同而已。这个问题就属于无效追问。习惯性追问，适得其反。而对于学生独特的发现，要及时追问，帮助其深入思考，及时总结规律。

所以说，启发性是课堂提问的灵魂。钱梦龙先生曾在《语文导读法探索》一书中说："要发展学生的智力，研究问的艺术很有必要——问题本身要富有启发性，要激起学生思维的火花。"当然，启发性不仅表现在问题的设置上，还表现在对学生的引导中。苏联杰出教育家苏霍姆林斯基说："教师高度的语言修养是合理地利用时间的重要条件，这在极大程度上决定着学生在课堂上脑力劳动的效率。"所以，课堂提问不仅要讲求科学性，还要讲究艺术性。"有效"是教师提问的科学性和艺术性的结合，精心设计和提炼一些富有启发性、情感性、变通性、挑战性、有价值的问题，引导学生思考的方向，扩大思考的范围，提高思考的层次，才能够体现出它的价值。没有思考价值的"浅问题"没有必要提，问题太浅，表面上学生对答如流，实际上起不到应有的作用；同样，若是问题过难，超出了学生的"最近发展区"，学生望"问"兴叹，也是不能达到目的的。

案例4（优秀层次：能根据教学重点和学情，提出一个中心问题，然后围绕中心问题，层层推进，有效追问，注重培养学生的问题意识）

《好嘴杨巴》案例片段

教学设想：

标题中"好嘴"的"好"字，是文章的文眼，文中叙述、描写皆为"好"字而设，故教学活动应围绕"好"字展开。

教学重点：

本文内容浅显，学生阅读时往往自感一望而知，故教学的重点应放在对"好"字深层意义的挖掘上。

师：（问题1）凭你的理解，什么样的"嘴"才称得上是"好嘴"？

生：滔滔不绝的、左右逢源的、咄咄逼人的、拍马逢迎的、妙语连珠的、一语中的的……

追问1：但是，在冯骥才的一则故事里，主人公杨巴只说了三句话，怎么能称得上是"好嘴"呢？

导入新课——引出"好"。（"三句话"与"好嘴"有什么关系？刚一上课，教师就有意制造学生认知上的矛盾，利用张力激起学生的阅读兴趣）

整体感知——讲述"好"。（文中出现的主要人物有杨巴、杨七、李鸿章。请选择一个人物，揣摩他的心理活动，尽量保持文章原有的语言风格，用第一人称创造性复述故事）

重点研读——探究"好"。（研究这个"好"字，既可以从说话的难度看，从这句话本身看，也可以从说话的效果看，还可以从他人的角度看）

追问2：请你选择一个角度，分组深入探究：杨巴的嘴到底"好"在何处？

追问3：你怎样看待杨巴的这张"好嘴"？（深入理解——评价"好"）

追问4：你想拥有这样一张"好嘴"吗？

【点评】

这些小人物在封建社会地位较为低下，在谋生过程中经常受到来自各方面的轻视、排斥、剥削和挤压。这种生存压力，也促成了小人物特殊的生存策略。杨巴的回答是多么无奈：明明是李中堂的错，却要抢着加在自己身上；明明自己无错，却要抢着求恕罪。这种机灵是生存空间遭到挤压之后的人格扭曲，是面对生存困境时的顺时应变，是以牺牲自己的人格做代价的。在此，教师通过一个个问题，引导学生结合时代背景体会"好"字背后的深刻含义。

总评

　　以解决问题为主线的课堂，要把学生学习的实际需要放在第一位，先学后教，以学定教，多学少教，以学评教，这样可以使学生思维活跃，参与积极性高。这样的课堂提问在操作时有两个关键点：一是对问题的筛选、排序、组块，不是所有的问题都要处理，不是所有的问题都要重点处理；二是在处理学生问题的过程中，要巧妙地不着痕迹地融入教师自己教的内容。所以，以问题引导学生阅读的课文，可以分为以下两种类型：

　　（1）球心类：就是找到一个提纲挈领、引起全篇的中心点，这个点有时是一个词、一个句子，有时是一个或几个段落。如《背影》中的"流泪"，《好嘴杨巴》中的"好"等。

　　（2）复沓类，即阅读活动不是从球心出去不再返回的射线，而是随着理解的加深，不断反复回扣球心。特别是阅读的收束，一定要归结在球心上，这才是一个完整的球体。比如《藤野先生》案例片段，就把反复朗读"伟大"一词所在的段落作为一条纵线贯穿全课，随着学生的理解渐入佳境，课堂呈现出一种重章复沓的音乐之美。

案例5 （优秀层次：能根据教学重点和学情，提出一个主问题，然后围绕主问题，反复进行强调，从不同的角度加深对一个问题的全面解答）

《藤野先生》案例片段

　　本节课设计的主问题："但不知怎地，我总还时时记起他……他的性格，在我的眼里和心里是伟大的，虽然他的姓名并不为许多人所知道。"为什么一个异国他乡的20年前的普通的外国老师，会给鲁迅先生留下如此深刻的印象？为什么在作者的眼里和心里，他是伟大的？

　　本节课围绕这一主问题，将教学过程分为四个部分：

　　聚焦"伟大"——从文中拎出"伟大"这个词，挑起思维的矛盾。这是"起"；

　　品味"伟大"——感受一种深情。赏析两人交往的四件事，品味细节，概括性格。这是"承"；

　　感受"伟大"——体味一段境遇。探究其他材料和写藤野先生之间的关系。这是"转"；

　　升华"伟大"——铭记一份感动。再次回归到"伟大"这个词上，在材料拓展中加深感受。这是"合"。具体在教学中是这样落实的。

1. 感受一种深情

鲁迅说："他的性格，在我的眼里和心里是伟大的，虽然他的姓名并不为许多人所知道。"为什么一个姓名并不为许多人知道的老师，在鲁迅心里和眼里却是"伟大的"？（第一次问）

师：介绍相关背景知识，让学生更加深入地了解鲁迅用"伟大"一词是多么的不同寻常。

藤野先生是日本仙台医学专门学校的一位普通教授，后因学历低被学校辞退；鲁迅1904—1906年在日本仙台学医，和藤野先生只有两年的交往；鲁迅后来弃医从文，在仙台所学医学并无大用处；鲁迅写这篇文章是1926年，即和藤野先生分别20年后；鲁迅不但是文学家、革命家，而且是思想家。

师：请你判断——按照你对藤野先生的了解，这件事他是不是这样做的？"我的讲义已经从头到末，都用红笔修改过了。"

师：请你模仿——按照你对藤野先生说话声调的了解，你能把这句话说给我们听吗？"你看，你将这条血管移了一点位置了。——自然，这样一移，的确比较好看些，然而解剖图不是美术，实物是那么样的，我们没法改换它。现在我给你改好了，以后你要全照着黑板上那样的画。"

师：请你选择——按照你对藤野先生的了解，下面哪一句是他对鲁迅说的话？

"听说中国人是很迷信鬼的。""听说中国人是很相信鬼的。""听说中国人是很敬重鬼的。"

师：请你比较——比较下面两句话，说说鲁迅为什么要这样修改？

原稿："总要看一看才好。究竟是怎么一回事？"

修改稿："总要看一看才知道。究竟是怎么一回事呢？"

通过以上判断、模仿、选择、比较、感悟，请大家说说对"但不知怎地，我总还时时记起他……他的性格，在我的眼里和心里是伟大的，虽然他的姓名并不为许多人所知道。"这段话的理解。（第二次问）

2. 体味一段境遇

师：你怎样理解"东京也无非是这样。"这句话？

补充资料：爬上天空二十丈和钻下地面二十丈，结果还是一无所能，学问是"上穷碧落下黄泉，两处茫茫皆不见"了。所余的还只有一条路：到外国去。——《琐记》

我的梦很美满，预备卒业回来，救治像我父亲似的被误的病人的疾苦，战争时候便去当军医，一面又促进了国人对于维新的信仰。——《〈呐喊〉自序》

师：再说说你对"东京也无非是这样""大概是物以稀为贵罢"这两句话的理解。

师：补充"中国是弱国，所以中国人当然是低能儿，分数在60分以上，便不是自己的能力了：也无怪他们疑惑。——呜呼，无法可想！"

再次提出，你又是如何理解和体会"但不知怎地，我总还时时记起他……他的性格，在我的眼里和心里是伟大的，虽然他的姓名并不为许多人所知道。"这段话的？（第三次问）

3. 铭刻一份感动

师：对于藤野先生在我留学期间给予我的帮助和与我的谈话，你怎么理解？

如："我的讲义已经从头到末，都用红笔添改过了。"

"你看，你将这条血管移了一点位置了。——自然，这样一移，的确比较好看些，然而解剖图不是美术，实物是那么样的，我们没法改换它。现在我给你改好了，以后你要全照着黑板上那样的画。"

"听说中国人是很敬重鬼的。"

"总要看一看才知道。究竟是怎么一回事呢？"……

在学生回答后，再一次提问，你又是如何理解和感悟"但不知怎地，我总还时时记起他……他的性格，在我的眼里和心里是伟大的，虽然他的姓名并不为许多人所知道。"这段话的。（第四次问）

【点评】

这就是围绕一个问题，反复地理解和印证，让学生结合时代背景，真正体会藤野先生的伟大之处。而且每一个问题的出发点和落脚点都源自文本和学生的阅读体验，要学生能结合文本、结合时代背景等相关知识，说出自己的理解、自己的评价和自己的思考。这和我们现在落实学科改进意见以及中考试题的命题方向不谋而合，长此以往，坚持用此类提问训练，学生的质疑能力、思辨能力一定会有显著提高。

（以上案例来源于北京十一学校朱则光老师的一次讲座《有效对话——语文课堂教学的不懈追求》）

总评

恰当提问可以总结为以下几点：在知识的重点、难点和关键处提问。在知识的关键处提问，能突出重点，分散难点，帮助学生扫除学习障碍；在新旧知识的衔接处、过渡处提问，这样可以促进知识的迁移，有利于建构和加深所学的新知；在容易产生矛盾和疑难的地方提问，当学生处于"心求通而不得，口欲言而未能"时，能及时有效地提出合适的问题，而这时对难点的解析，又恰恰是学生能力得到提高与升华的最佳契机；根据不同体裁的教学目标提问，这样可以引导学生从读懂一篇文章到学会阅读一类文章。

四、"恰当提问、有效追问"能力训练

（一）解读文本、研读教材

1. 了解学生的认知能力

▶▶ 任务1 研究你所教授年级学生的基本情况和认知水平，完成下面的题目。

（1）你的学生有预习的习惯吗？

_____

_____

（2）布置预习时你会明确提一些问题吗？如果提问，你会提怎样的问题？如果不提问，你让学生预习的目的是什么？

_____

_____

2. 了解自己的阅读习惯

▶▶ 任务2 结合自己的实际，完成下面题目。

（1）你有不看任何资料，凭自己的感觉阅读文章的习惯吗？

_____

_____

（2）你会对一篇新文章提出自己的疑问并思考吗？

_____

_____

▶▶ 任务3 你有把一篇文章或一节课要提的所有问题写到教案本上的习惯吗？

_____

_____

▶▶ 任务4 你允许学生在课堂上向你提问吗？学生问的问题你也没有明确答案，你是怎么处理的？

_____

_____

▶▶ 任务5 你尝试过对自己提的问题进行分类吗？如果有，请写出你的分类标准。

通过预习了解学生的认知能力，才能有效地设计问题。通过自己对文本最直接的感受，才能够不受任何外界或权威的干扰，得出自己对文本最本真的理解，才能和学生一同真正去解决问题，才能引导学生形成质疑的品质，培养学生思考的习惯，最终达到"教是为了不教的目的"。

（二）恰当提问、有效追问要素分析

1．心理学原理

1）有意义学习理论

认知主义学习理论认为：学习是通过对情境的领悟或认知而形成认知结构来实现的。学生能否获得新信息，关键在于新知识与学生认知结构中已有概念的相互作用。当学生把教学内容与自己的认知结构联系起来时，有意义学习就发生了。

（1）课堂上要吸引学生的注意力。提问是吸引学生注意力的有效途径。通过提问比较重要的内容，引起学生的有意注意，可以给学生留下深刻的印象。有意注意是指自觉的、有预定目的的、必要时需要一定意志努力的注意。

（2）人类学习知识的过程（即知识的再产生过程）不同于知识的产生过程，受到教学时间的制约。教师提出问题可以吸引学生关注要点，提示思考方向，促使学生把教学内容与自己的认知结构联系起来。同时，通过提问后的反馈，教师可以了解学生的学习效果，调控自己的教学。因此，提问可以帮助学生形成有意义学习。

2）目标教学理论

教师提出的问题要围绕着教学目标展开。要达到不同的目的，就要提出不同类型的问题。布鲁姆推出的认知领域的教育目标分类，将教育认知目标由低级到高级分为知识、领会、理解、分析、综合和评价六个水平。

2．教育学原理

1）循序渐进性原则

课堂提问必须循序渐进，由浅入深，由简到繁，要注意提问设计的有序性。杂乱无章的随意提问会分散学生对重点的注意力。要根据教学目标和重点，全盘考虑整节课提问的主次和先后，力求做到主次分明，先后有序，使所提的问题前后贯通，相互配合，有助于推动学生思考，分析问题。

2）巩固性原则

课堂提问是复习巩固知识的方法之一。提问建立在学生已有知识经验的前提下，学生独立思考后回答的过程，也是学生大脑对已学知识进行检索、思维加工、再现的过程，可以有效检查学生对所学知识、技能的掌握情况。因此，要注意及时进行复习提问，讲课前、讲课中、讲课后都可以组织提问，巩固知识。

3）可接受性原则

课堂提问要让全体学生参与进来，要适合学生的最近发展区，充分考虑学生从社会各方面获得的信息量，从学生的知识基础、发展水平出发设计问题。教师在课堂提问中卡壳，主要是因为对学生学习的可接受性认识不足。

4）因材施教的原则

在设计和提出问题的时候，不但要考虑全体学生，更要照顾个别学生，特别是优等生和后进生的特点和需要。

（三）恰当提问、有效追问的操作要点

（1）字斟句酌研读教材，不参考任何资料，提出自己存在困惑的问题，并能梳理出教材在教学中的重点和难点。

（2）在第 1 点的基础上，尝试为解决重点和难点提出问题，并对问题进行分类，哪些是直接可以从文本中找到答案的，哪些是需要从文本的前后逻辑关系中才能找到答案的，还要对学生的答案进行预设（包括一些思考题、探究题、练习题等的设计思路和作用等）。

（3）在第 2 点上的基础上，研读课标和教学参考书，判断出自己对教材的理解是否准确到位，并通过查找相关背景材料，进一步明确教材的重点、难点。

（4）通过综合分析，结合具体学情，设计恰当的问题，解决重点和难点，并且在预设学生质疑点的前提下，合理地设计追问，引导学生通过分析和解决问题深入理解文本，并能逐步形成勇于质疑的意识，进而培养学生独立思考的能力。

（四）评价要素和评价指标

恰当提问、有效追问能力评价，是指教师能恰当提出解决教学重点和难点的问题，并通过科学有效地追问解决教学的重点和难点，评价要素和评价指标如表 5-3 所示。

表 5-3　评价要素和评价指标

要　素	评价指标			权重
	很　好	较　好	一　般	
提问	能够根据学生情况选择恰当的对象进行提问，问题精当，并有一定层次性	能够根据教学内容适时进行课堂提问，并能关注到全体学生	问题本身和表述能让学生理解，但是非问答、集体回答等情况较多	0.2
恰当提问	掌握转引、提示、深化、转问、反问、回问等高级提问技术，灵活有效地激发学生思考的深度和广度，培养学生的质疑精神	提问恰当并有一定顺序，避免杂乱、肤浅等弊端，激发学生积极思考	提问恰当有序，但有些问题不深入，不能激发学生深度思考	0.3

续表

要　素	评价指标			权重
	很　好	较　好	一　般	
追问	根据教学内容设计主问题，选择恰当的时机和对象，以恰当的方式提问。必要时对主问题进行变通处理	根据课堂上变化的学情，临时提出一些散问题，或引起学生注意，或促进知识掌握，或启发思考	为引起学生注意，或促进学生对知识的掌握，适时进行合理的追问	0.2
有效追问	能够根据课堂上变化的学情及时调整提问的内容和方式，重视培养学生的问题意识	鼓励学生提出问题，重视培养学生的问题意识	根据学生回答问题的情况，进行有效的追问，能给困难学生搭支架	0.3

五、考核与反思

（一）达标考核

研究一篇课文及其教材内容，完成以下自学任务：

（1）研读文本，写出自己预想的教学内容（这篇课文可以教些什么）和教学环节（课堂上做哪几件事）。

（2）开展真实的学情调查，发现学生在阅读中可能出现的问题并提出应对方案。

（3）研读人教版教材的导语、练习，对其得失写出自己的意见。

（4）在自己研究的基础上开展小组研究。

（二）反思角度

（1）本专题学习的关键词是什么？

（2）结合你所教授的一课，谈谈你对"恰当提问、有效追问"的理解。

（3）梳理同一教研组老师或名师同课异构的一节课（最好教学目标、教学重难点一致）的课堂实录，分析和对比他们在课堂提问中设计的问题以及对学生的反应，并结合他们的教学设计写出自己的思考。

（4）上交你的一个课堂实录，谈谈你在这一课"恰当提问、有效追问"这方面的优点和值得改进的地方。

专题六　强化重点、突破难点

学习要点

1. 陈述强化重点、突破难点的三个等级要求。
2. 举例说明强化重点、突破难点的含义。
3. 根据教学内容找出重点并突破难点。

一、问题的提出：如何提高教师"强化重点、突破难点"的能力

巴甫洛夫（经典条件反射）认为，强化指伴随于条件刺激物之后的无条件刺激的呈现。斯金纳（操作条件反射）的解释是：强化是指伴随于行为之后且有助于该行为重复出现的概率增加的事件。现在一般认为：强化是一个过程，它是借助一定的事物（如奖品、奖金、食物、水）或手段（如表扬、批评、微笑、注视、文体活动、游戏）来提高受强化者（如学生）某种特定的行为（如学生举手回答问题、热情帮助他人或参加活动、勤奋学习）出现的概率，也就是说，希望某种期待的行为多次发生，经常出现，最终形成某种习惯或观念并保存于个体之中。

语文课堂的强化指的是教师通过自己的原创解读，结合文本体式、创作背景及具体的学情，确定教学内容的重难点，能够运用媒体、提问、体态语、重复、语言变化、板书等多种方式，并能够选择恰当时机，强化教学重点、突破教学难点的教学行为。

语文教师作为依据专业知识行事的专业人员，自己在强化重点、突破难点方面已经具备哪些能力？什么地方还存在不科学的教学行为？如何使自己的教学行为最优化地指导学生的发展和成长？在读下列文字的过程中，笔者希望它们能够激起你的思考：哪些是成功的做法，就坚持且行且珍惜；有什么地方做得不够成熟，就应该停下来想一想，逐渐改进；哪些地方阐述的内容很陌生，就认知接纳；读完这些文字后，还需要持续思考和跟进些什么，都记录下来。

▶▶ **活动1** 问题驱动，思考探索。

请选择其中一篇你最熟悉的课文，写出你的设计。

（1）诵读是学习文言文的必经之路，请以教学《两小儿辩日》为例回忆并思考：在教学过程中，你是如何采取多种方法和选择恰当时机强化学生的诵读（朗读和背诵），并以诵读和品读来促进学生阅读和理解章法考究处、炼字炼句处，从而让学生理解中国古代仁人贤士的情意和思想的。

_____

_____

（2）王荣生教授说：散文的精妙处，阅读散文的动人处，在于细腻，在于丰富，唯有通过个性化的语言章法，我们才能感受、体认、分享它所传达的人生经验。请以《祖父的园子》为例，列出你在引导学生理解丰富、细腻的散文语言的教学设计。

_____

_____

（3）特级教师邓彤认为现代小说有一种分类是：情节类的小说、心理类的小说、荒诞类的小说。针对不同类型的小说，应该有不同的教学内容、教学方法。李冲锋老师也认为，小说的解读方式要随小说的文本体式而变化。《十八岁出门远行》是一篇具有荒诞性质的小说，用传统的解读方式无法读懂这篇小说，你会如何设计教学过程，强化教学重点、突破教学难点，带领学生读懂此类作品。

_____

_____

▶▶ **活动2** 聆听交流，畅谈启示。

（1）同伴交流。四个人一组，每个人将自己的设计与同伴分享，相互评价，请至少说出一条优点和一条建议，并选出一个设计进行集中交流。

_____

_____

（2）聆听各组代表的案例，结合自身的教学经验，记录自己在强化重点、突破难点方面的成功经验，反思自己在此方面存在的不足，并填写以下笔记：

成功经验：_____

问题反思：_____

▶▶ **活动3** 问题列举，意义概括。

1. 问题列举

（1）强化手段固定单调，时机不够恰当。经验是一把双刃剑，很多老师在教学的过程中，因为某一种或几种经常用到的强化手段在某个固定的时间出现奏效，会忽视对其他方法的全方位多角度开发，课堂程序化明显，造成学生的审美疲劳和思维僵化。

（2）强化的重点知识内容陈旧，知识库和理念急需补充更新。强化只是外显手段，强化的知识才是主角。教学思想越来越多元化，呼唤教师放下以前比较陈旧的对文本的一元解读，尝试用比较健康、比较新的观念解读文本。旧的观念有它的合理性，但纠缠于旧的观念，就会落伍，跟不上时代的发展。另外，不仅需关注作品，也需关注和借鉴各文体研究的相关成果，接受前沿理论信息，不断更新知识库，用我脑我心读我文。

（3）不能整体设计突破重难点的教学方案。不能依据"这一篇"的特质和学生学情，设计出独有的、有利于学生持续发展的方案，套路明显，学生学会这一篇，不会解读那一篇，不利于学生学会丰富的文本解读方法，造成文学素养的缺失。比如对小说，就是分析情节、人物兼环境；对散文，就是分析景物事物和情理哲理；对诗歌，就是读节奏、品韵律、解意象。这种模式化、类型化的教学，损伤了每一篇的独特之处与独特价值。

2. 意义概括

斯金纳的 S—R 学习理论，即刺激—反应的联结主义学习理论认为：行为之所以发生变化，是由于强化作用。如果一个行为发生后，接着呈现一个强化刺激，行为的强度就会增加。

认知心理学家托尔曼认为，在学习过程中存在着尝试与错误的过程，在多次尝试中，有的预期被证实，有的未被证实。预期的证实也是一种强化，这就是所谓的内在强化。

综上，强化的意义归纳为以下几点：

（1）巩固正确行为，统一学生认识。学生的认识带有尝试的性质，有正确的，有错误的。而在尝试的过程中如何构建正确的事物意义，正是教师通过强化要解决的问题。强化技能体现了教师对教学过程的控制，是师生相互作用的一个关键环节。当学生在课堂上做出种种反应后，教师不进行任何反馈强化，学生的认识活动就失去了方向，教学在这一环节就失去了控制。强化不仅有促进学生个人认识活动的作用，而且有统一全班认识、控制教学进程的作用。

（2）激发学习兴趣，促进思维发展。在教学过程中，学生尝试活动的完成，既依赖于教师的肯定强化或学生集体的赞赏等外部的强化，也依赖于教师态度的影响。强化基于学生的尝试性反应，教师根据教学重点或难点，进一步提供线索，进一步启发，提出更深层次的问题，激发学生再去尝试新的预想，促进思维发展。

二、对于"强化重点、突破难点"检核标准的解读

"强化重点、突破难点"检核标准如表 6-1 所示。

表 6-1 "强化重点、突出难点"检核标准

能力要点	合 格	良 好	优 秀
强化重点、突破难点	能够运用重复、语言变化、板书强化教学重点	能够运用媒体、提问、体态语等多种方式，强化教学重点，突破教学难点	能够选择恰当时机，灵活运用多种手段，进行有效强化

（一）强化技能的构成要素提炼

1．准确判断

在学生尝试活动中进行强化时，教师首先要准确判断学生的反应与教学目标之间的关系。虽然这种活动通常是在教师的内心进行，但可以从教师所采取的强化行为中观察出其判断是否准确。做出准确判断需要有如下思维和行为过程：

（1）理解学生反应的真实含义。有时学生的反应是含糊的，需要教师通过经验、通过询问进一步做出判断。这里教师除了应该有意识地逐步积累经验外，还应该具有询问的教学行为，能够恰当、准确地进行询问，帮助做出判断。

（2）发现学生反应中的合理成分。教师往往容易仅仅用自己的经验进行判断，而难以从学生出发。因为，教师和学生生活的空间是有差距的，关注的东西往往也有差距。还记得一个老师跟我说，她带着她两岁的孩子上地铁，地铁上有一个提醒防止门夹手的表示：一只滴着血的手指。她两岁的孩子解释是："不能吃手指。"针对同一张图，我们和 2 岁孩子的判断就有了很大的差距。

（3）给学生重复表达的时空。限于学生思考得还不太清晰，限于学生的表达局限，学生对问题的回答有时是模糊的、不完整的，这时教师不要急于给出结论，要善于给学生进一步思考的时间和空间，引导学生。这时像"还能表述得更清楚一些吗？""再想想，还有什么理由？""能举出一个例子吗"等问题都有助于启发学生的思考。

2．意图明确

教师在对学生的反应或活动进行强化时，一定要使学生知道强化的是他们的哪些行为，保证学生正确理解。为此，需要注意：在学生的反应中包含多种成分时，教师要首先说明反应各成分的性质，并分别给以不同的强化。教师对学生的反应，不能简单地肯定或否定，要说明强化的原因。由于学生的反应是尝试性的，反应的依据往往不够鲜明和稳固，这时需要教师运用强化技能帮助理清思路，说清原因，使尝试性的认识巩固下来。这时，教师的强化需要运用启发提问或者归纳引导的方法。面向全体学生的反应，问题往往根据一个学生的回答、根据一个小组的意见产生，但教师的强化要考虑多数学生。如果问题来自一

个基础比较好的学生，即便这个学生的反应已经很清晰，针对这一个学生，教师很容易就能够将他的尝试巩固下来，但考虑到还有其他学生对这个问题的理解可能不到位，教师的强化内容就不能仅仅是针对这一位学生了。这时，教师可以采取让这个学生阐述原因，教师再加以肯定等方式进行，可以收到较好的效果。

3. 提供线索

对于中学生仅仅采取肯定和否定的外部强化是不够的，教师直接说明反应的原因也不利于学生思维的开发和能力的培养。对学生的反应，教师不直接进行强化，而是提供进行检验的线索，或者检验的方向，可以促进学生的内部强化。

4. 方法恰当

最简单的强化方法就是重复，在一节课上如果教师的重复太多，就显得絮叨；如果教师只是喋喋不休地往下讲，没有重复，也难以达到目标，因此，需要恰当的重复。提问、追问、板书等都是强化的重要方法。教师要善于恰当运用各种方法达到强化的目的，但是，不是说所有的重复、提问、追问、板书都是强化，强化要基于学生的反应，针对学生的反馈调整教师的教学行为。

5. 适时反馈

强化的时机也是十分重要的，教师应该根据教学情况采取即时强化和滞后强化。根据课堂教学进程和内容需要，采取简单的外部强化和针对重点问题的内部强化相结合的强化方式。

（二）强化的类型分析

1. 语言强化

教师用语言对学生的反应表明自己的态度和判断，以达到强化的目的，叫语言强化。语言强化可以简明准确地表明学生反应中正确的成分或错误的成分，使学生对自己的反应认识清楚，以便将正确的行为巩固下来，改正错误的行为。

2. 活动强化

活动强化是指教师安排一定的活动，对学生在活动中的参与和贡献给予奖励，使学生在活动中不断巩固正确的行为，得到自我强化。活动强化的途径主要如下几种：

（1）有针对性地让学生参与课堂练习等活动；

（2）让学习优秀的学生介绍学习经验和体会；

（3）课前安排有特长的学生，让他们代替老师完成一节课的教学；

（4）适当开展学科竞赛性活动，竞赛中要根据学生的实际情况进行科学的分组，使每一个学生都能获得不同程度、不同方面的成功。

3．动作强化

动作强化是指教师运用非语言的身体动作,对学生的行为表现,表示自己的态度和情感。有时非语言行为能产生很好的教育效果。动作强化要注意以下几点:

(1)微笑:对学生表示赞许;

(2)点头和摇头:对学生表现表示肯定或否定;

(3)鼓掌、举手:对学生的表现表示强烈的鼓励等;

(4)拍拍肩、抚摩头、握手、接近等,传递暗示、关心、友好等情感。

4．标志强化

指教师运用各种象征性的标志、奖赏物,对学生的成绩或行为进行肯定或鼓励,使学生获得成就感,更有效的激发学生的学习热情。

三、"强化重点、突破难点"典型案例交流

▰▰▰ 案例1（合格层次:能够从文本类型出发确定重难点,运用重复、语言变化、板书强化教学重点）

以小说《边城》的教学为例。

> 合格教师设计的教学重点是梳理文本的情节,体会人物性格,难点是体会文章环境描写的好处。在强化重点、突破难点的过程中,教师通过提问、板书、重复的强化方式,按照小说人物、情节、环境、主题四要素进行模式设计,以类析篇,非常类型化。这个设计忽略了每一篇小说都是"不同的小说",都有区别于其他类型的"这一篇"个体的独特性和价值。它的独特性和价值正是教师要带着学生挖掘的重点。如果每一篇小说都在教同样的东西,都在体验同样的价值,是教学行为的重复和时间的耗费。

再以《两小儿辩日》教学片段为例:

> 师:一大一小、一凉一热。想一想,这四个词语怎么读,才能让人明显地感觉到它们相反的意思。
>
> 生:(朗读这两个句子,通过对"大如车盖""如探汤"的重读和对"盘盂""沧沧凉凉"的轻读,强调了相反的意思。)
>
> 师:读得真好!来,我们一起来读这四个词语。请大家看黑板,我们一起读!一儿曰,日初出——(用手指示板书"车盖",以下相同。)
>
> 生:(齐读,重读)大如车盖。

> 师：及日中——
>
> 生：（齐读，轻读）则如盘盂。
>
> 师：此不为远者小而近者大乎？一儿曰，日初出——
>
> 生：（齐读，轻读）沧沧凉凉。
>
> 师：及其日中——
>
> 生：（齐读，重读）如探汤。

【点评】

在这个片段里，教师通过轻读和重读的朗读设计，巧妙地把文言文教学中的诵读和对词语的理解打通，不凿痕迹地强化诵读，在诵读中进行词语意义的对比。选取了四个关键词语，简明扼要地把学生思考的重心转向教学重点——对文章两小儿争辩内容的理解。

///案例2 （良好层级：能够依据文本本身的特点确定教学重难点，能够运用媒体、提问、体态语等多种方式，强化教学重点，突破教学难点）

要求教师在合格的基础上，对教学重点和难点，能够根据需求采用多种方式进行强化或突破，并取得好的效果。

以小说《边城》的教学设计为例。

> 良好层级的教师设计的教学重点和难点都是体会《边城》作为诗化小说的语言的诗意美。
>
> 重点部分设计如下：山水美在哪？哪些地方体现人物美？如何体会文章美的感情？这样一个设计，符合对《边城》诗意美的解读和定位，挖掘了教材独特的价值。但在具体的强化重点、突破难点的过程中，解读小说的方式过于"论证化"。教师先"给论点"，定位了各种美，然后让学生"找论据"，寻找美，强化重点的过程有些机械、僵化，把理解小说演变成了背答案、背结论。

再以《两小儿辩日》教学片段为例：

> 师：很好！注意看，现在，老师在这两个词语之间画一个括号，在这两个词语之间也画上一个括号。
>
> （车盖——盘盂）
>
> （沧沧凉凉——探汤）
>
> 师：想一想，这其中又有些什么意义？（生举手）不着急，默读课文，静心思考，琢磨琢磨这样来分组的。

生：（默读课文。）

师：谁发现这样分组的意义了？

生1：车盖和沧沧凉凉都是日初出时的太阳，盘盂和探汤都是日中时的太阳。

师：问题来了！同样是在观察太阳，同样是在早晨观察太阳，一儿曰，日初出——

生：（齐读）大如车盖。

师：另一儿却曰，日初出——

生：（齐读）沧沧凉凉。

师：结果相同吗？

生：不相同。

师：为什么？

生：因为他们观察太阳的角度是不同的，一个从视觉的角度观察，一个从触觉的角度观察，所以不同。

【点评】

教师用一个小小的板书设计：在四个词语（车盖——盘盂；沧沧凉凉——探汤）中，在两个词语间画上一条线，这不同角度的连线，让学生进一步探究四个关键词语之间的关系，帮助学生理解课文，再在两个词语之间画一个括号。"一条线""一个括号"，正是教师强化重点的着力点，为下一步理解文章搭建脚手架，从而突破难点。

案例3（优秀层级：能够关注文本的独特之处和独特价值，来确定重难点，能够选择恰当时机，灵活运用多种手段，进行有效强化）

在良好层级的基础上，教师不仅要强调强化的适时性和有效性，还要强化知识间的内在联系。要求强化的时机恰当，教师要能够根据具体情况采用即时强化或延时强化。在强化的过程中，教师反馈自然、得体；学生有行为变化，与教师有共鸣、默契。

以《边城》的教学为例。

教师先期备课应该明确：小说教学，一定要找到每一篇小说的独特之处与独特价值，并据此进行教学。然后定位《边城》和《荷花淀》《孤独之旅》这同一类型诗化小说的特点：小说情节、人物虽不太明显，但意境很美。重点放在强化对它的诗化特征的体会上：一个有浓郁诗意的环境，一个情窦初开的少女，一群质朴、健康、优美、自然的人。清澈透明的溪水，翠色逼人的秀竹，傍溪而立的白塔，山环水绕的村庄与小城，城边的炮眼与墙垛，溪流旁的绳渡与水磨，深山峡谷间的雾霭与风雷，家家户户临水一面的吊脚楼的湘西边城；端午节狭长朱红龙舟的竞赛，壮人心魂的蓬蓬鼓声，泅水抢夺大雄鸭子的游戏，元宵节奇光异彩的爆竹烟火，节日里妇女小孩额头上蘸着雄黄酒"王"字的打扮，"走车路"（请人提媒说亲）与"走马路"（唱山歌求爱）的求爱方式，以及要"碾坊"还是要"渡船"的风俗人情；"翠翠在风日里长养着，把皮肤变得黑黑的，触目为青山绿水，一对眸子清明如水晶。自然既长养她且教育她……她为人天真活泼，处处俨然如一只小兽物。人又那么乖，如山头黄麂一样，从不想到残忍的事情，从不发愁，从不动气。平时在渡船上遇陌生人对她有所注意时，便把光光的眼睛瞅着那陌生人，作成随时皆可举步逃入深山的神气，但明白了人无心机后，就又从从容容地在水边玩耍了"；她健康、自然、真诚、纯洁、勤劳、朴实、善良，信守着心灵的诚挚、爱情的初衷与人性的纯粹；"乡下人"老船夫善良、淳朴、刻苦耐劳、坚韧不拔……

　　学生用自己的经验去感受这一段独特的人生，沉浸在小说中感动、悲伤，作为最接近人生的一种文体、一部好小说，相信学生认真读了，其实就是在经历一种特殊的人生。

　　还以《两小儿辩日》教学片段为例。

　　师：辩是辩了，就是没有斗起来。这样，请你留下，我来跟你辩一辩、斗一斗。你害怕吗？

　　生：（低声）不怕。（众笑）

　　师：听你的口气，看你战战兢兢的样子，我看你还是有点怕。到底怕不怕？

　　生：（坚定）不怕。（众笑）

　　师：为什么？

　　生：你又不会吃人。（众大笑）

　　师：啊！对对对！我是老师，我不是老虎。不对！我现在还是老师吗？

　　生：你是一小儿。（众笑）

　　师：对！我是一小儿了。那，咱们现在就开始？谁先说？

　　生：你先说。

　　师：那我就当仁不让了。大家注意听，更要注意看，我们两个小儿是怎样辩斗的。好！我这就开始了——我以日始出时去人近，而日中时远也。该你了！

　　生：我以日初出远，而日中时近也。

　　师：日初出大如车盖，及日中则如盘盂，此不为远者小而近者大乎？

　　生：日初出沧沧凉凉，及其日中如探汤，此不为近者热而远者凉乎？

　　师：（语速加快）此言差矣！日初出大如车盖，及日中则如盘盂，此不为远者小而近者大乎？

　　生：（一愣，迅速作出反应）此言差矣！日初出沧沧凉凉，及其日中如探汤，此不为近者热而远者凉乎？（众笑）

师：（语气加强）非然也！日初出大如车盖，及日中则如盘盂，此不为远者小而近者大乎？

生：（机敏地）非然也！日初出沧沧凉凉，及其日中如探汤，此不为近者热而远者凉乎？（众笑）

师：（摇着手）非也非也！日初出大如车盖，及日中则如盘盂，此不为远者小而近者大乎？

生：（抢上一步）非也非也非也！日初出沧沧凉凉，及其日中如探汤，此不为近者热而远者凉乎？（众鼓掌，大笑）

师：不跟你啰唆了！反正日初出近，日中时远。

生：你才啰唆呢！就是日初出远，日中时近。

师：你胡说！日初出近，日中时远。日初出近，日中时远。

生：你胡说八道！日初出远，日中时近。日初出远，日中时近。（掌声，笑声）

师：看到了吧？这才叫——大家一起说！

生：（齐答）辩斗！

【点评】

教师运用智慧化的平淡提问激起师生互辩，在一次一次争辩的过程中，变换句式、不断重复强化重点内容，同时并未脱离文本语言，依语言造势，兼以变化动作的肢体表达，教学高潮迭现。

四、考核与反思

我们既强调通过各种外显手段强化重点、突破难点，更强调教师通过解读文本、分析学情确立的教学重点和难点。

1.对课文进行解读

确定文本的独特价值和独特方式，确定感受、理解本文的关键点。结合现今广泛采纳的文学分类知识，确定它的文体：小说、散文、诗歌还是戏剧。依据各文学分类的特点，根据文本价值内涵确定教学内容。因为一种文体之所以能成立，在于该种文体具有区别于其他文体的独特性。我们知道，诗歌的规定性特征是内在的抒情性和外在韵律的结合；小说的本质性特征是客观描述虚构的故事；戏剧（剧本）是以人物扮演的方式（对话）来模拟生活；散文的本质性特征是自然诗性地表达某些时空、情绪或思考。散文不尚虚构，但散文的写实，也不是客观的写实，散文的所见所闻，是作者极具个性特性的感官所过滤的人、事、景、物；所思所感，是作者依据独特的境遇所生发的感触，所以散文是一种主客观融合的文体。诗歌语言的着力点在词语——推敲词语，散文语言的着力点在句子——锤炼句子，小说的着力点更多在谋篇——结构全篇。用一个表格来简单表现诗歌、散文、小说三种文体的关系如表 6-2 所示。

表 6-2　诗歌、散文、小说三种文体的关系表

文体	诗歌	散文	小说
时空关系	非叙事性	叙述片段过程	叙事性
表现方式	主观表现	主客观融合	客观再现
表现材料	谋词	谋句	谋篇
特点	以点状之象抒情	以片段之景、事表意	以完整故事观照社会
核心概念	意象	意境	人物、情节
代表作品	《雨巷》《再别康桥》	《荷塘月色》《背影》	《项链》《阿Q正传》

对各种文体本身有所学习，理解各文体的价值和独特性，以此为基础思考确定教学的内容，也要求老师具备一些文学理论知识。情节类小说、心理类小说、荒诞类小说创作，走的不是同一条路径，教师循路识的"斯真"也不同。所以更多的专家呼吁教师应该多阅读一些文学理论，特别是叙事学、小说解读等方面的书籍，掌握解读小说的理论和知识，并把它们运用到小说教学中去，才能走出小说教学一直在人物、情节、环境、主题这几个方面兜兜转转的困境。看待小说的方式变化了，对小说的理解就会变化，对作品的解读就会产生相应的变化。不断吸取现代文学理论的新知识，将新发现转换成教学内容，用新鲜的观点重新解读小说。比如当代先锋实验作家余华的代表作品《十八岁出门远行》，就是一篇带有荒诞性质的小说，运用日常生活的逻辑或传统的阅读方法难以理解。教师设计教学内容、确定重难点时。首先应该有对荒诞小说特性的知识储备，才能传递给学生新的文本解读的方式，从而让学生理解荒诞小说的特点和表现手法，学生才能读懂原来读不懂的地方。学会解读"这一篇"，学生以后遇到类似的荒诞小说，就能够运用所学习的方法来解读。

2. 了解学情

把握学生已有的经验（生活经验、语文经验）水平，理解、感受其与文本紧要处、关键点之间的落差状况。学生已经会的，是教师要跳过的。比如一篇文章,满眼都写着"爱国"，那这个主题就无须在课堂上重点设计。高于学生原来阅读水平的地方、学生理解欣赏的盲点，很有可能就是需要教师在课堂上特别下功夫的地方，也就是说，教学的重点，要占据课堂教学的主要时间。在设计时，既要有文化的高度，也要有细处的推敲，避免教学时浮于文本表面甚至游离于文本之外。确定教学重难点时，会有重合，教学难点的确定基于教学重点的把握。

3. 设计如何运用恰当的手段来落实重难点

教学设计既要有整体考虑，更要有细化打算。依据"学生需要学什么"，教学设计考虑

"学生怎样学才好"，教师选择恰当时机，灵活运用多种手段，进行有效强化。

《祖父的园子》节选自萧红的长篇小说《呼兰河传》第三章第一节，在很多版本的教材或课外阅读书目中都有收录，题目略有不同，节选内容稍有不同，但都是写萧红回忆自己在祖父的园子里自由快乐的童年生活，洋溢着童真童趣。作为一篇长篇小说的节选内容，老师们一般把它作为散文来教。散文教学重在通过体味散文精准的语言，体会分享作者丰富、细腻、独特的人生感受。教学重点应落在学生通过教师指导，细读文本，增长自己的语文经验，体会萧红的思想感情。萧红在文中抒发了怎样的思想感情，这都是共识，但是如何让学生体会这些情感，在强化重点的具体过程中，教师容易浮于表面。

一种教师认为，让学生自己去体会，教师不用教什么，学生自己读，反复去读，就能读出这个情感。一种教师直接告诉学生一个高度概括的结论，比如，作者的感情是"自由自在"或"无忧无虑"，要求学生认同并且记住它，这样，感受作品中作者的情感比较笼统，没有往细腻处走，教学方法笼统，学生也没有得到相应的阅读方法的指导，情感体验就不够细腻丰厚。好一点的做法是先贴标签再找答案，概括出情感，让学生从文中找依据，凡是和情感不符的，就用"形散神不散"一言以蔽之。学生对于言语表达，常常是知道说了什么，却不知道这样说的妙处。教师应该通过具体的教学方法和环节设计，让学生体会到字里行间所蕴含的情感。

《祖父的园子》教学实录片段

师：这篇文章，你说容易也容易，说难懂也难懂。萧红究竟想起了什么？请你默读课文，你会发现这里有一段话写得很特别。这个特别的句子，不是比喻句，比喻句我们读得多了，也不是排比句，排比句我们也读得不少，这个句子，特别在哪里呢？你刚读的时候，甚至都觉得它很啰唆。找到的话，请你画下来。（生读、画）

"一切都活了，要做什么，就做什么。要怎么样，就怎么样，都是自由的。倭瓜愿意爬上架就爬上架，愿意爬上房就爬上房。黄瓜愿意开一朵花，就开一朵花，愿意结一个瓜，就结一个瓜。若都不愿意，就是一个瓜也不结，一朵花也不开，也没有人问它。玉米愿意长多高就长多高，它若愿意长上天去，也没有人管。"

师：是啊，这一段话，很特别，如果你掌握它的特点了，读几遍，就可以把它背下来。（生自由读、试背。老师提示一句，学生背一句，学生挑战欲望很强，气氛很热烈。最后老师指着空白的屏幕，请大家一起"读"，学生"读"得不亦乐乎。）

师：为什么我们可以这么快把这段话大致背下来呢？

生：因为里面的句子是反复的，比较好记。

师：是啊，特别的写法往往蕴含了特别的情感，萧红反反复复地写，我们也来反反复复地读。

倭瓜愿意爬上架——（生接）就爬上架，愿意爬上房——（生接）就爬上房。黄瓜愿意开一朵花——（生接）就开一朵花，愿意结一个瓜——（生接）就结一个瓜。玉米愿意长多高——（生接）就长多高，蝴蝶愿意飞到哪儿——（生接）就飞到哪儿。

师：我们试着再读快一点。倭瓜愿意爬上架——（生接）……

师：反过来，你们带着我读，好吗？（师生换读）

师：特别的写法有特别的心情。读这些重复的话，你们有什么感受？

生：我觉得园子里的一切都很自由、很开心。

生：我觉得一切都是无忧无虑的，想到哪儿就到哪儿，想干什么就干什么。

生：我觉得院子里的动物、植物生命力很旺盛。

师：是啊，这就是特别的写法有特别的心情。读这一段话，我们感觉到园子里的一切是那样自由、快乐、温暖。其实，在这篇课文里还有一段反复的话，你们找找。（生默读，寻找。）

生：我找到的是这一句——祖父戴一顶大草帽，我戴一顶小草帽；祖父栽花，我就栽花；祖父拔草，我就拔草。

师：再往后看，还有——

生：祖父铲地，我也铲地。

师：再往后看，还有——

生：祖父浇菜，我也浇菜。

师：是呀，这也是一段反复的话，我们再来反复读一读。

师：祖父戴草帽——（生接）我也戴草帽；祖父栽花——（生接）我也栽花；祖父拔草——（生接）我也拔草；祖父铲地——（生接）我也铲地；祖父浇菜——（生接）我也浇菜。

师：咱们节奏快一点读。祖父戴草帽——（生接）我也戴草帽；祖父栽花——（生接）我也栽花；祖父拔草——（生接）我也拔草；祖父铲地——（生接）我也铲地；祖父浇菜——（生接）我也浇菜。

师：注意，特别的写法往往是因为有特别的心情。反复读这段话，你体会到什么心情？

生：自由、无忧无虑、快活、高兴。

师：是啊，对"我"来说，园子里的生活是那样快活、自由，让我们带着这份心情来读一读。

师：祖父栽花——（生接）我就栽花；祖父拔草——（生接）我就拔草；祖父铲地——（生接）我就铲地；祖父浇菜——（生接）我就浇菜；祖父劳动——（生接）我就劳动；祖父真劳动——（生接）（迟疑）我就真劳动。

【点评】

教师强化教学重点的教学设计非常有智慧。

（1）从关键的表达句入手，这恰恰也是理解萧红语言新鲜自然、率真稚拙之美特点的通道。找到关键的句子，运用多种方式反复读背，包括自由读、试背、师生上下句衔接回答、教师隐藏一句、学生背诵一句，最后是对着空白的屏幕一起"读"（其实就是背），语速越来越快。反复读，反复背，反复感受。

（2）其次教师不断重复"特别的写法往往蕴含了特别的情感""特别的写法有特别的心情""这就是特别的写法有特别的心情""特别的写法往往是因为有特别的心情"，教学意图在于使学生进一步体会"愿意……就……"这种句子可以传达出一种自由、悠闲、无忧无虑的感受。教师的提问也在不断地变化："这个句子，特别在哪里呢？你刚读的时候，甚至都觉得它很啰唆。你找到的话，请你画下来。""萧红反反复复地写，我们也来反反复复地读。""读这些重复的话，你有什么感受？""其实，在这篇课文里还有一段反复的话，你们找找。""反复读这段话，你体会到什么心情？"教师引导学生找到表达这些特定内容的句子，为学生真实地感受这些语句所蕴含的作者的情感提供支架。教师的语言如同主题和变奏，主题不变，但是每一次提问又有变化，不知不觉中，学生的感受越来越清晰丰富。

在下面的环节中，教师补充了《呼兰河传》中关于"祖父的笑"的描写，让学生感受祖父的形象。教师范读课文中祖孙对话的一段，接着让学生听读《呼兰河传》中关于"祖父的笑"的一段，通过品味散文精准的语言，最终体会作者独特的人生情感和人生经验。课内阅读加上课外补充阅读，为学生搭建台阶，引导学生更好地体会作者在文本中传达的那种对自由、温暖、快乐生活的怀念。

（3）教师再一次做了强化：我们发现，萧红回忆这些人、事、物，其实就是在回忆自己快乐、自由的童年，教学设计层层深入，从体味句式到体悟情感，精彩纷呈。

五、要点评议

本能力要点中的"强化"是广义的，有强调、加固、支援的含义，它符合加强学习活动的一般意义，而强化重点、突破难点的思考应该贯穿课堂教学的全过程。

在节选文章里激发学生阅读原著的兴趣，是语文教学的难点，那么，教师又用哪些方法突破？一起来看实录片段。

《祖父的园子》教学实录片段

师：同学们，你们能否猜测一下，童年生活这么快乐、自在、无拘无束的萧红，长大后的生活会是怎样的？

生：我觉得她长大以后，人是很乐观的，生活是很快乐的，因为她的童年是在快乐中长大的，她的性格会很乐观。

生：我觉得她长大后，会有一个幸福的家庭，生活很美满。

生：我觉得她长大后不开心。

师：为什么？

生：因为大人压力都是很大的，工作很辛苦。（笑）

师：我们了解一个作家的生活经历，能帮助我们更好地理解他的作品。萧红长大后的生活究竟是怎样的呢？我讲你听。事实上，很少有人的生活像她这般坎坷多难。她18岁的时候，祖父就去世了，20岁的时候，她为了反抗包办婚姻，离开了自己的家，流浪在外，她的生活从此陷入了困顿，起码的吃、住也经常没有着落。而且，她也并没有像大家所猜测的，拥有幸福安定的家，1940年，她跟着第三任丈夫到了香港，寂寞、苦闷，1941年，贫病交加的她，由于庸医的误诊，永远离开了这个世界，年仅31岁。

当我们了解了她的生平经历之后，再去读《祖父的园子》，可能感受会有一点点不同。在《呼兰河传》的最后，有一段话，蜜蜂、蝴蝶、蜻蜓，倭瓜、黄瓜、玉米，还有祖父，再一次出现在萧红的笔下。我读给大家听："呼兰河这小城里边，以前住着我的祖父。现在埋着我的祖父。那园里的蝴蝶、蚂蚱、蜻蜓，也许还是年年仍旧，也许现在已完全荒凉了。小黄瓜、大倭瓜，也许还是年年地种着，也许现在根本没有了……这些人、事忘却不了，难以忘却，就记在这里了。"同学们，记在哪里了？

生：记在《呼兰河传》里了。

师：同学们，记在哪里了？

生：记在心里了。

师：如果有机会，真的可以尝试去读读《呼兰河传》。

【点评】

教师的最后一个问题是，猜测长大后的萧红其生活会是怎样的，再提供给学生三个支架：《呼兰河传》的写作背景、作家生平和原著的结尾，告诉学生：当我们了解了她的生平经历之后，我们再去读《祖父的园子》，可能感受会有一点点不同。此时课虽已结束，但有一些探究兴趣正在出发。余音绕梁，呼唤学生阅读原著，静待花开。

后来，在执教《老人与海》第二节课教学结束时，邓彤老师抛出海明威的一句话："我的文章说率直不如说含蓄。读者必须经常运用他的想象，否则就会忽略我思想中最精妙的部分。"教师接着引导："按照海明威的忠告和大家的一些启示，我们如果课后再读《老人与海》的全文，一定会读出更多的思路，也会有更多的收获。"把教学引向课外，引到更广阔的地方。

六、后续学习活动

▶▶ 任务1

撰写《两小儿辩日》的教学设计，重点突出你是如何在教学过程中采取多种方法并选择时机强化学生诵读（朗读和背诵）的，并以诵读和品读来促进学生阅读和理解章法考究处、炼字炼句处，从而让学生理解中国古代仁人贤士的情意和思想的做法。

参考

文言文的一体四面："文言""文章""文学""文化"，相辅相成。

文言，是以先秦汉语为基础的一种古代汉语书面语。在词汇和语法方面和现代汉语的差别特别大，所以，学习文言文，前提是学习文言。

"文章"是指其功能。中学语文教科书里的文言文，既是经世致用的实用文章，又是中国文学的优秀散文，有些在当时有明确的实用功能，有些言志，有些载道。学习文言文，实际上是体会它们所言之志、所载之道。

"文学"是其表现形式。古典散文作品的文学性，主要体现在对语言的锤炼和章法的考究这两个方面。学习文言文，研习谋篇布局的章法、体会炼字炼句的艺术是两个重点，最终的落点是文化的传承和反思。

"文化"的主要方面，是文言文所传达的中国古代仁人贤士的情意和思想，即所言之志、所载之道。文言文阅读的要点，集中体现在"章法考究处、炼字炼句处"的"所言之志、所载之道"。文言文阅读教学的着力点，是引导和帮助学生通过"章法考究处、炼字炼句处"，具体把握作者的"所言之志、所载之道"。而这些，要落实到理解和感受"章法考究处、炼字炼句处"的文言上。

▶▶ **任务2**

撰写《祖父的园子》的教学设计，重在写出引导学生往"这一篇"散文之语句章法所表达的丰富甚至复杂、细腻甚至细微处走的强化重点、突破难点的教学手段和教学内容。

参考

我们这里所说的散文，是"文学性的散文"，集中表现在言和意：语言和思想。意是散文要表现的内容，言是语汇、字句、篇章、声调等。散文阅读，其要领可以归结为一句话：体味精准的言语表达，分享作者在日常生活中感悟到的人生经验。品味语言，实质是发掘文学作品字里行间所蕴含的意思、意味。散文阅读教学，必须教出散文里一篇散文的特质来，始终在"这一篇"的特色。要驻足散文里"个人化的言说对象"，即"这一位"作者依其独特境遇所生发的所见所闻、所思所感。严防跑到"外在的言说对象"上，演变为谈论"外在的言说对象"活动。要着眼于主体，触摸作者的情思，严防滞留在所记叙、描写的客体，演变为那人、那事、那景、那物的活动。要关注作者独特的情感认知，引导学生往"作者的独特经验里"走，严防受既成经验的影响，演变为谈论作者经验的活动。要由言及意，往散文中的个性化言语所表达的丰富甚至复杂、细腻甚至细微处走；严防脱离语句，跑到概念化、抽象化的"思想""精神"上，演变为谈论口号的活动。

▶▶ **任务 3**

撰写《十八岁出门远行》的教学设计，重在如何让学生理解荒诞小说的特点和表现手法，学会解读这一篇，从而能够运用所学习的方法来解读其他篇荒诞小说。

参考

文学理论对小说的定义是：小说是用散文写成的，具有某种长度的虚构的一个故事。"小说是心灵的历史。"（王安忆）它用虚构手法创造出一个虚拟的世界，然后让读者通过这个虚拟的世界去感受一种别样的人生，这就是小说的价值。教小说的最好境界是让学生若有所思、若有所悟、怦然心动、潸然泪下，而又说不出来，我觉得这是最高境界。教学中，掌握小说的特征，根据不同小说的特征来选择教法，指导小说教学。了解中西方小说发展的简要历史，能够根据小说发展的历史所呈现的小说特点对不同历史时期的小说进行分析与教学。能够把小说理论与小说教学勾连起来，自觉运用小说理论中的相关知识进行小说文本的解读和小说教学。荒诞小说的基本手法就是夸张变形、象征隐喻，教师运用新的图式和新的知识，带领学生通过梳理违反逻辑、违反常识的荒诞情节，挖掘其背后隐含的寓意。

专题七　关注个体分层指导

● 学习要点

1. 了解语文教学中关注个体分层指导的相关要求，进一步提升对语文教学的认识。

2. 解读分层指导的相关概念和原理，提升语文教学理念。

3. 结合教学案例，掌握关注个体分层指导的有关基本方法，进一步提升语文教学实践能力。

一、问题的提出：如何提高教师"关注个体分层指导"的能力

根据《北京市朝阳区教师教学基本能力检核标准》关于教师教学能力的划分，"学习指导能力"是"教学实施能力"中的重要一个环节。学习指导能力是指在教学环境中，教师以学生学习的心理过程为依据，为学生的自主学习等创设有利环境，对学生的学习动机、过程、方法进行指导和引导，从而促进学生发展的教学行为方式。

"教是为了不教"。让学生"学会学习"，在新的教学改革背景下，成为教学工作的核心任务。完成这一核心任务，有一个基本现实是我们无法回避的，那就是学生个体之间的差异。《语文课程标准》指出："语文课程必须根据学生身心发展和语文学习的特点，关注学生的个体差异和不同的学习需求。"美国著名教育学家布卢姆目标分类学认为，学生的学习虽有快慢之分，但"只要有合适的教学条件，一个人能学会的东西几乎所有的人都能学会"。

这样，关注学生个体，分层指导或者实施"分层教学"成为指导学生"学会学习"的关键环节。所以在本章中，我们就如何提高教师"关注个体分层指导"的能力和大家一起进行学习、交流和实践。

现在我们一起结合几个活动或者是几个问题，看一看我们"关注个体分层指导"能力的现状。

▶▶ 活动1　你所教的班级有几个？你能写出这几个班学生学情的差异吗？你在备课、上课会经常注意这几个班的差别吗？

▶▶ 活动2 作为教师，我们每天都面对不同水平的学生，你在备课的时候会顾及不同学生的反应或者感受吗？一般情况下，你把学生分为几类？分类的标准是什么？你在上课过程中是如何对待不同类别的学生的？

讨论：请将自己的理解在小组内和大家分享，通过交流讨论对上述问题的答案达成共识并填写在下面的横线上。

_____

_____

▶▶ 活动3 在平时的教学工作中，你会找个别的学生进行个别辅导吗？你为什么采取个别辅导的方式呢？你认为这种方式有必要吗？

_____

_____

二、对于"关注个体分层指导"检核标准的解读

根据《北京市朝阳区教学基本能力检核标准》和语文学科特点，我们确定该能力点的检核标准，如表7-1所示。

表7-1 "关注个体分层指导"检核标准表

能力要点	合 格	良 好	优 秀
关注个体分层指导	能够观察各类典型学生的反应，对边缘学生予以特别关注，并能适时对学生进行个别指导	能够了解不同学的个性特点、学习风格和学习态度，对沉默和边缘的学生进行情感和智力支持	能够通过不同的学习方式照顾不同学的学习基础、个性特点和学习风格，并能布置有一定层级的学习任务

（一）相关概念解读

1．学习指导

这是教师在教学活动中，通过各种渠道向学生传授有关学习的知识，指导学习方法，使学生形成正确的学习观点，具有较强的学习动力和学习能力。就是要使学生懂学习（掌握学习规律）、会学习（养成良好的学习方法习惯）、爱学习（形成学习动力）。

2. 学习指导目标

这是提高学生学习的科学性和积极性。教是为了不教:教育不只要传授知识,还需要"指导学生学会学习,使学生真正成为学习的主体"。

3. 各类典型学生

各类典型的学生一般采取两种分类:一种是按照考试成绩分类,通常下分学科考试成绩偏上、中等、偏下这三类;一种是按照学生综合能力进行分类,一般分为如下四个层次:学生各方面能力较差,学习上困难大或能力一般,且又消极厌学;学生各方面能力一般,但能勤奋学习,主动性强;学生各方面能力较强,头脑灵活,但不够勤奋;学生各方面能力较强,并有较强的自觉性和求知欲。该分法可能会有利于学习者分析,但也是一般说法。学生占有的比例,会因不同学校、班级而异,难以一概定论。

4. 边缘的学生

边缘的学生是指在教学活动中,关注不到的(空间位置)、容易被忽视的学生。

5. 边缘的学生的行为及表现

1)空间位置角度上的边缘学生

某教师听课发现:教室里靠近窗户的一排桌子,成了所谓的"边缘区"——一个完全被遗忘的角落。老师讲课时,视线不对着这排的学生,这些学生也不跟着老师的进度学习,听音乐的,看课外书的,小声说话的……

2)容易被忽视的学生

指在教学活动中,人在教室中,游离于课堂之外,不能进入到学习情境中去。

在每个班级中都有一些默默无闻、没有"亮点"的学生,他们通常由于学业成绩不佳、个性的弱点,或家庭、社会等诸多原因,在班级人际结构中处于较低层次。较之多数学生,他们往往被忽视、排挤,被边缘化,总是显得孤立无援,承受力比较脆弱。不能积极参与到学习中去。

3)沉默的学生

老师更多的时间关注尖子生的学习、调皮学生纪律。有一些既不惹是生非,做事又不积极,常常被老师的忽视,成为被漠视的群体,生活中很少被关注,学习上受到冷落。这些学生长期在这种环境中形成一种自卑感,在课堂上不敢直视老师的目光,处处躲着老师,对老师有一种畏惧的心理,可能在一节课中,这些学生都在祈祷老师别叫到他。所以一节课下来都不看老师,害怕引起老师的注意,不希望被老师叫起来回答问题。经常处于一种焦虑、恐惧之中。所以在这种心境的情况下,自然在课堂上就不能认真听老师讲课了,也就不可能学习好。

（二）个体关注能力

《朝阳区教师教学能力要点标准》中有一项是"个体关注能力"，并以表格的形式进行了较为详细的说明，摘录如表 7-2 所示。

表 7-2 "个体关注能力"检核标准

个体关注能力	细心观察与关注个别学生	在班级授课制条件下，尽量关注每一个学生，不满足于少数积极学生烘托的课堂气氛，对沉默和边缘的学生予以特别关注。 利用提问、目光交流、走动接近、个别指点等形式，对沉默和边缘的学生进行感情和智力的支持
	照顾个体差异，实行分层教学	了解学生的不同个性、不同的学习风格和学习态度，适当给予他们不同的学习任务和要求。 让作业有一定的弹性和选择性
	对学生进行个别化指导	针对学生的个体差异，运用面谈、笔谈等形式，进行有效的个别化指导

从表 7-2 中可以看出，"个体关注能力"主要关注的是教师三个方面的能力：学情的及时把握、实行分层教学和个别辅导。

学情分析是教学设计过程中的一个重要步骤。教学活动是师生的双向活动，学生在教学中处于"主体"的地位。教学设计的一切活动都是为了学生的学习，教学目标是否实现，要在学生通过自己认识和发展的学习活动中体现出来，而作为学习活动主体的学生，在学习过程中又都是以自己的特点和学习方式，通过改组或重建自己的认知结构来获得学习结果的。因此，要取得教学设计的成功，仅仅深入理解课程标准和分析教材内容是不够的，还必须重视对学习者的分析。可以说，准确到位的学情分析是教师进行教学设计的重要基础之一。

学情分析是系统教学设计不可或缺的重要组成部分，是教学设计系统中"影响学习系统最终设计"的重要因素之一。科学的学情分析是教师实现因材施教、提高教学效率的前提，也是教师的基本功之一。学情分析包括：了解学生的知识基础、学习兴趣、学习需求、学习态度、学习习惯、学习能力、学习风格和学习效果，还包括学生的年龄特点、班级整体情况、学生的生活经验和学习环境等要素。

当前，在不少教师的教学设计中都有"学情分析"这一项，但问题在于这些所谓的学情都是流于形式、浮于表面的，缺乏实证性和针对性的分析。

我们知道实证性研究方法可以概括为通过对研究对象大量地观察、实验和调查，获取客观材料，从个别现象归纳出事物的本质属性和发展规律的一种研究方法。

因此，实证性学情分析强调教师对课堂上观察到的现象、对学生作业和考试中出现的问题及与学生交流访谈或问卷调查中所发现的教学中的问题进行归纳梳理，通过深刻思考和理性剖析得出的对教学设计和教学实施具有指导意义的材料。这些分析大都是表面现象和问题形成的背后的、内隐的、不容易发现的原因，教师通过教学设计将其与教学内容和目标进行有机整合并转化为教学素材，使课堂教学更加有的放矢。

事实上，对学生课上表现和反应的全面而细心的观察，对学生课上回答问题情况的准确判断，对学生作业情况的认真分析（特别是对其中的错误，尤其是"致错因子"）和精准到位的评析，对课前和课后与学生的交流和有针对性的访谈或问卷调查的理性思考，以及对课前（后）测试试卷结果的全面客观的认识和分析等都是教师进行实证性学情分析的基本途径与方法。

作为教师，上述方法不仅要灵活运用，还要切忌将学情分析停留在表面上，努力把"学情"当为一种教学资源，并通过对学情的实证性研究及科学理性地分析去研究和把握教材，确定教学计划，选择教学方法，调动学生学习的积极性和主动性。

（三）语文分层教学相关理论

1．分层教学

分层教学是基于班级授课制基础的一种因材施教的重要教学实践模式。具体而言，是在教学过程中，根据学生不同的认知水平，设计多层次的教学目标，运用不同的教学手段，最终促进全体学生的学业进步。分层次教学的基础是学生的差异化发展、需求的多样化。分层教学最基本的分类方法就是根据认知水平、知识基础、能力水平把学生分成不同层次的学习小组。在分层教学中教师应该正视学生的能力差别，通过划分层次来实施差异化教学，满足不同层次学生学习需求，使其均能体会到知识习得的成就感，激发求知欲，促进学习自觉性的提高。

2．学生分层

学生分层是开展分层教学的前提，根据学生的认知与心理水平，将学生进行分层，结成学习小组，当然，学生分层不是一成不变的，依据学生的发展可以灵活调整。在教学过程中，学习小组要相对集中，并在组长的组织下开展讨论与学习。

3．教学目标分层

在对学生进行分层后，在深入分析教材内容的基础上，制定出多层次的教学目标，以应对不同层次学生的学习需求。其中，各层次的教学目标应当是切实可行的，即学生通过努力是可以实现的，如此方能调动起所有层次学生的积极性与求知欲。据此，我们可将教学目标细分为三个层次：第一层针对所有学生，要求掌握课本的基础知识点，培养必需的基本能力；第二层针对大多数学生，要求掌握阅读技巧，能理解文本的关键字句，并体会作者的情感；第三层针对少数能力出众的学生，要求他们能拓宽阅读视野，发散思维，提高语文写作能力。

4．教学过程的分层

在教学中必须正确判断学生的"最近发展区"，依据不同类型学生的接受能力，提出不同的教学要求，分层指导，因材施教，促进学生在各自的能力范围内得到充分的发展。

1）备课要分层

教师在备课时，在依据大纲要求吃透教材的前提下，既要考虑到每课的宏观教学要求，又要针对不同类型的学生提出不同的教学要求，设计好教法，重点考虑排除学困生的学习障碍，提出对优等生的更高发展层次的要求。

教师在备课时只有以学生为本，尊重学生发展的差异性，备出教学重点、难点的差异性，备出教法的差异性，才能有效地进行分层教学，因材施教，更好地促进学生个体的有效发展。

2）教学过程要分层

如何在课堂教学中既面向全体的共性目标进行宏观教学，又能针对个性差异进行分层教学，实现共同发展的教学效果呢？笔者一般按照"教师分层设疑——学生阅读文本探究并解疑——学生质疑——师生合作解疑——教师分类指导——师生共同总结——分层作业"这种结构来组织教学。"分层设疑"，就是先将有梯度的一系列问题给学生，让他们带着问题去阅读，避免读书的盲目性。学生带着问题阅读文本后挑自己能解答的问题来解答，给自己找准最近的发展区，通过自己的探究，解答自己力所能及的问题，力求人人能享受到成功的喜悦。学生阅读后质疑，这一步骤就显示了学生能力的差异性和所提问题的层级性。教师根据学生提出的问题，让学生在各自的分类组中合作解疑，然后教师分类进行指导点拨，再师生合作归纳总结，最后针对不同类别学生进行分层练习，巩固新知。

3）检测评价的分层

分层教学"在强调统一进度、统一要求、统一措施的基础上来保证学生的共性发展，在体现学生人格平等的同时，也充分注意优、中、差学生和不同思维类型的学生在学习能力上的个别差异，用不同的要求、不同的措施使得快者快学、慢者慢学，促使不同类型的学生都得到应有的发展。因此，考试检测和评价上也应采取分类分层的操作方法，才能正确公允地评价学生的成长。

语文学习是培养一个人综合能力的学习，因此，评价学生时，就必须多角度、重过程地来考评学生。

三、"关注个体分层教学"典型案例交流

案例1 分层教学案例——同课异构

《水调歌头·平山堂用东坡韵》
教学实录一（高二年级文科班）

教学目标：通过学生朗读感知、对词义的梳理、词中意象的分析和相关背景的介绍，理解词人的羁旅思乡、家国之恨、生命之叹和失意之憾的复杂的思想感情以及寂寞孤独、

愁肠郁结的人物形象。

学法指导：

1. 朗读感知：通过朗读直观感知作者的思想感情。

2. 整体感知法：结合上下文分析词中的重点语句。

3. 意象分析法：通过词中的典型意象感知作者复杂的思想感情。

师：一个基本方法，就是这个，过去桐城派的一个大学者叫刘大櫆先生，他提的"因声求气"之法。简单地说就一个字：读；四个字：用心地读。所以呢，我们的操作步骤是，请同学们先自己读一读。那么如何读呢？我告诉大家一个流程，大家把流程听好了，然后就能读好了。

在我们的这个预习材料的右下角，有一个方岳的介绍。大家不要把他看过去当作方岳的介绍，要把它当成是你的介绍。也就是说，我们读古人的词，要把我们自己作为古人。所以大家从一开始看方岳的这个材料的时候，你就抹掉"他"，只剩下"你"。他的经历，就是你的经历。然后呢，再自己选择自己最合适的方式去读，也就是说，你要进入一个比较封闭的小宇宙中去，来回读。可以端坐地读，也可以放浪形骸，摇头晃脑，这都没有问题。只要你觉得，这能表达方岳的情感即可。第三个呢，你读的时候，一定会想，这首词，我怎样才能读出方岳本人的情感来。大家注意，这个情感，是有一个情感流的，也就是说它不是固定的，他应该有一个变化的趋势的，或者说是，有一个变化的流程，要把这个流程抓住。

这个曲牌稍微有点长，所以呢，他的情感呢，可能会有一些变化，所以，我们读的时候要注意。三个流程，第一步："我即方岳"，第二步：进入小宇宙，自己读；第三个呢，去体会一下作者的情感，然后呢，反过来印证一番为什么要这样读。好，现在请大家照着这三个流程去做。（同学们读课文）

师：对不起打断一下，这个环节中，大家要注意，我刚才看了看大家有的同学的表情，这个笑是对吗？笑是一定不对的，你一定不是方岳，不许做旁观者，你要变成方岳去读这首词，每个人都是方岳，所以方岳们之间无须交流，你自我感知即可。好吧？来继续，可以把声音再放出来，没有问题。（学生们继续读课文）

师：从现在课堂的声音来看，我们大家总体的"我体味方岳"可能是这个人太内向了。我要求还是，用旧的方式，可以放浪形骸，声音可以放出来，一定要进入自己的小宇宙中去揣摩诗人的情感。下面呢，大家稍微地梳理梳理你刚才读的过程中所体会出来的诗人的情感，梳理完了以后呢，再试着放出声音来读。（同学读课文）

大家试着把这个诗人的情感，把它诉诸这个文字，把他好好地读一读，把放出声音来读一读，（同学读课文）

师：好，我们请同学来读一读，男生基本上都在第一排，当然倒数第二排也有。先请第二排的李同学来读一读。

生:《水调歌头·平山堂用东坡韵》南宋 方岳

秋雨一何碧，山色倚晴空。江南江北愁思，分付酒螺红。芦叶蓬舟千里，菰菜莼羹一梦，无语寄归鸿。醉眼渺河洛，遗恨夕阳中。苹洲外，山欲暝，敛眉峰。人间俯仰陈迹，叹息两仙翁。不见当时杨柳，只是从前烟雨，磨灭几英雄。天地一孤啸，匹马又西风。

师：自我感觉哪句话读得最好？理由是什么？就是为什么要这样读？

生：呃……其实我还是比较喜欢最后一句话的。

师：好，那最后一句话你给我们范读一下好吗？

生：天地一孤啸，匹马又西风。

师：为什么要这样读？

生：因为我觉得这句话本身是体现出那个诗人对当时的时局感到无能为力，但是还想力挽狂澜，然后我觉得天地间还有更广阔的空间，然后最后的匹马又西风，我觉得从某种意义上体现出诗人本身的孤独，然后也能比较好地体现出他内心的心理活动。

师：也就是说，最后一句话往往能够体现出诗人的心理活动，一种情感，这个我们在章法上叫作诗歌的卒章显志。他找的这句话非常有意思。

《水调歌头·平山堂用东坡韵》
教学实录二（高一普通班）

（学生就预习问题分小组进行讨论）

师：大家讨论的我看差不多了。自己能解决的问题大部分也都解决了。文本的问题、注释的，还有一个后面咱们都给了资料，还是比较详细的。现在就自由提问。还有什么问题。或者是你讨论的特别有想法，对这个愁字理解的特别深刻。既可以交流你的想法，也可以提出问题。

生：我问一个。"匹马又西风"最后一句是什么意思？

师："匹马又西风"按你的理解呢"匹马"是什么？

生："匹马"我觉得就是，孤单的一匹马。

师：孤单的一匹马。那"西风"呢？

生："西风"我不太明白有什么意思。

师：他直指到诗歌的最后两句，这个很有意义。"匹马又西风"，"西风"意象。（板书"西风"）学过西风或者关于风的哪些词吗？同学们？

生："古道西风瘦马"。

师：对。"古道西风瘦马"。然后呢？

生："夕阳西下""断肠人在天涯"。

师："西下""断肠人在天涯"。那"西风"跟什么有关系？

生：忧愁。

师："西风"有忧愁的意思。这个西风，它还是西风吗？它叫什么？咱们诗词中有的术语叫作它是……

生：意象。

师：意象。意象，是含有作者主观感情的物象、意象。西风呢在这里，它在这里不仅仅是西风了。它是一种意象，代表着什么？（走到黑板，用手示意之前的板书"西风"）

生：愁。

师：愁。是不是跟前面有照应？（用手示意黑板上"愁"与"西风"两者之间的联系）（在"西风"下写板书"愁"）"匹马"一匹马，刚才说一匹马，一匹马又西风，这除了愁还有什么？

生：孤独。

师：对。孤独和愁。到底它是什么样的愁呢？既可以回答这个问题，又可以提问不同的句子。

生：我想回答江同学刚才提的那个问题。

师：嗯嗯。

生：就是我觉得他那个愁应该是有一部分，一个部分就是说它身世漂泊不定。

师：身世漂泊不定？从哪看出来的呢？

生：有一句话是"芦叶篷舟千里，菰菜莼羹一梦"。

师：你要说的是哪一句？具体是哪一个字体现了漂泊？

生：其实具体应该是前一句，前半句。因为我，知道他的这个典故，好像就是某一个人，因为这个可能大概的意思就是说，可能他现在就像一块漂浮的一块木头，在水里漂了很久了但是没有一个，就是，没有一个归宿。

师：好。漂泊了千里，就是没有归宿，漂泊之愁。

……

（《水调歌头·平山堂用东坡韵》教学实录由北京市朝阳区外国语学校王涛老师、程现亮老师提供）

【点评】

《水调歌头·平山堂用东坡韵》是选自课外的一首宋词，北京朝阳外国语学校高中语文教研组的王涛老师和程现亮老师对这一课题进行了同课异构，"同课异构"的"异构"不仅来自不同老师对文本解读的方式的不同，更多的是面对不同层次和特点的学生。王老师面对的是经过老师长时间诗词朗读鉴赏训练的高二文科班，程老师面对的是只有半年古典诗词学习经验的高一普通班。这就决定了两位老师采取不同的诗词鉴赏和解读的方法:王老师采取的是朗读感知法,而程老师采取的是诗词意象分析法。

通过朗读直接感知对于有一定古典诗词鉴赏基础的学生来讲是一个很好的培养语感、激发学习古典文学学习兴趣的较为合适的方法,而对于基础较为欠缺的高一学生来讲,较为理性的意象分析法可以让学生清晰地体会古代诗歌传情达意的基本规律和方法。这其实教师在把握具体学生不同情况进行的分层教学。

▰▰▰ 案例2 《水浒传·林冲传》分层作业尝试

背景介绍:《林冲传》阅读分享课是《水浒传》阅读、学习过程中的一个重点突破环节,课型属于学生阅读阶段成果展示课。

《水浒传》吸取了司马迁《史记》传记书写笔法,别出新意的采用了先分后合的链式结构:前半部分为梁山好汉单独立传,后半部分各路好汉融合到整个梁山泊整个发展过程中。这种结构决定了单个英雄人物的相关事件散落到各个章节中。在此背景下,学生对人物的把握是比较零碎、缺乏整合的。所以,引导学生整体把握英雄人物就需要整合与之相关的各个章节,"为英雄人物立传"就成为一种比较科学的整合方式。

教学采用教师引导下的学生展示为主、教师点评为辅的教学方法,旨在通过学生之间交流碰撞、教师的引导点拨,形成对林冲这个人物一个较为完整的理解。

整个教学分为林冲基本信息表、拟定章节目录、我计划把某一章节写得浓墨重彩、我为林冲写"赞"四个任务环节。

教学目标:按照传记体例以及写作要点,以《水浒传》(前70回)为"事实"依据,为林冲撰写人物传记。

1.通过文本细读,整合《水浒传》相关内容,填写林冲基本信息表。

2.通过对《林冲传》章节目录的编写,梳理林冲主要事件和人生章节。

3.通过小组对目录中详写的章节的具体分析,思考林冲的性格特点及发展变化和《水浒传》全书的主旨。

4.通过对"林冲传"的赞语的撰写,整理对林冲的评价和分析。

分层作业示例:

我为林冲书写"赞",作业要求与提示:

1."赞"的内容主要是你对林冲的评价,要求客观公正,不虚美,不隐恶;

2."赞"的形式可以多样化,可以采用诗、词、歌词、骈文、散文、对联等形式;

3.有条件的也可以设计赞语的表现形式,如墓碑背景、电影海报、演唱等;

4.提倡采用文言文撰写。

学生作业示例:

"林冲赞"示例一

诗曰：仗义是林冲，为人最朴忠。江湖驰闻望，慷慨聚英雄。身世悲浮梗，功名类转蓬。他年若得志，威镇泰山东！

忍辱负重，敢做敢当；武艺超群，理性智慧，曾不迁怒于人也。比赳赳莽夫，其属不同，引文以证："一把折叠西川扇子"——偏偏儒生，饱读诗书，才华横溢，闲散悠游，乃八十万禁军教头林冲也。是林冲耶？

林冲其理想，平和却不可现也。一而忍，为大局着想，再而让，为性命保全。只恐忍让之态换不得恶人之醒，小人之悔矣！林冲其信念，不断则必有恶人加害于之。只兴风雪山神庙，悲愤极矣，无望，终得显其血性，大快人心也！

冲之忍，自其对生活之望；冲之怒，自其尊，其本。可谓林冲，隐忍与无能间的可悲可叹者已！

"林冲赞"示例二

《枥马长枪挑天下》歌词

人生漫，欲将家国捍，一展武功在军台

梦本幻，盼忠义两全，奈何山高与阻险

大孝先，情何堪，只愿相倚玉阑干，无奈红尘理还乱

青春誓扬名立万，丈夫处世多艰难

白虎堂前穷途现，野猪林里落梁山

荆山玉损魂梦晚，天光云际黄昏断

纵马沙场唱归唤，倚枪泪洒盼新天

武人愿，生死定相随，无论天宽与地远

墨客吟，因果必相依，无论福瑞与祸患

风雪萧萧山神庙，生死之交君莫忘，替天行道旌旗扬

擒敌无数功名长，一身精忠热血淌

坎坷人生不言悔，青史彪炳永流芳

荆山玉损魂梦晚，天光云际黄昏断

纵马沙场唱归唤，倚枪泪洒盼新天

不思倦，刀抵断，为情愿粉身万段

人绝殇，君断肠，忠义不再有彷徨

擒敌无数功名长，一身精忠热血淌

坎坷人生不言悔，青史彪炳永流芳

荆山玉损魂梦晚，天光云际黄昏断

纵马沙场唱归唤，倚枪泪洒盼新天

"林冲赞"示例三

金圣叹赞曰："算得到，熬得住，把得牢，做得彻，都使人怕。"禁军教头配沧州，无怨言，心忍耐；风雪神庙斩叛徒，细观察，果断了；雪夜梁山投王伦，识玄机，登交椅。林冲一生，起起伏伏，安稳家业却屡遭陷害，被迫梁山亦家破人亡，心意已决撑起梁山，为民除害兢兢业业，风寒而终，忠武千古。

（《水浒传·林冲传》教学案例由北京市朝阳区外国语学校程现亮老师提供）

【点评】

"为林冲写赞"这个环节的作业的要求设计的初衷是规定性和可选性相结合，第一个要求"赞的内容主要是你对林冲的评价，要求客观公正，不虚美，不隐恶"是这项作业的基本要求，对赞的内容和要求作业详细的说明，做到"客观公正"的评价林冲才能称之为一个符合要求的"赞"。这是每一个学生都应达到的目标。

剩下的三个要求，与其说是更高的要求，不如说是对学生一个更高的期待。在"赞"的表现形式上给予学生更大的表现空间，可以采用诗、词、歌词、骈文、散文、对联等形式，可以用演唱、海报等形式来汇报。

在规定性和可选性作业的框架，既明确了任务的目标和基本要求，又给了能力强、有自己个性的学生极大的表现空间，使每个学生都能找到自己发挥的舞台，较为圆满地完成作业。

总之，选择性是分层作业的一个重要特点，可以选择自己喜欢的表达方式和呈现形式，极大地激发了不同层次学生的学习热情和创造力，最后在不同层面达到学习的目标。

四、"关注个体分层指导"能力训练

（一）了解学生

▶▶ **任务1** 研究你所教授的学生的基本情况和在整个学段中的特点、地位，完成下面的题目。

1. 你所教授的年级是：＿＿＿＿＿＿＿＿。

2. 这个年龄段的学生在智力、习惯等方面的特点是什么？

_____

_____

3.你认为这个年级在这个学段中的地位是怎样的?

_____

_____

▶▶ 任务 2 你了解你所教授班级的基本情况吗?你所教授两个班级之间以及和其他班相比有什么特点?

_____

_____

▶▶ 任务 3 选择你所教授的一个班级,将所有学生进行分类,你会分为几类?你分类的标准是什么?

_____

_____

▶▶ 任务 4 你所在的班级有多少"学困生"呢?他们每一个人的特点是什么?请你建立一个"学困生"档案。

_____

_____

(二)同课异构

▶▶ 任务 5 分层教学设计。

1. 任选一课,根据你所教授班级之间的差异,请你分别设计出不同的教学设计,并谈一谈为什么这样设计。

_____

_____

2. 按照不同的教学设计在不同的班进行授课后,你的感觉如何?请写出你的教学反思。

_____

_____

▶▶ 任务 6 教学设计中的分层。

1. 针对你所教授的其中一个班级,任选一课,设计一份教学设计,其中要体现你是如何兼顾不同层次学生的听课状态的?

_____

_____

2. 进一步细化你的教学设计，其中要体现你课堂提问的对象学生，并说说你为何要设计让他回答这个问题？

_____

_____

3. 上完这节课后，你的感受如何？请写出你的教学反思。

_____

_____

▶▶ **任务 7** 课堂特殊情况处理方案。

1. 如果一个非常优秀的学生认为你讲的内容他都会，在课堂上开小差，你该如何处理这种情况？

_____

_____

2. 如果一个"学困生"不能跟着你上课的节奏开小差，甚至干扰课堂秩序，你该如何处理这种情况？

_____

_____

▶▶ **任务 8** 如何留作业？

1. 针对你所教授的其中一个班级，任选一课，设计你的课后分层作业，并谈一谈你为什么这样设计？

_____

_____

2. 根据其中一次的课后作业反馈，谈谈你是如何给学生判作业的？是统一标准，还是有所差别？

_____

_____

（三）个别辅导

1.列出你最近针对个别生的辅导计划，其中包括学生的基本情况、采取的辅导方式和效果的反馈。

_____

_____

2．如果一个"学困生"非常不爱读书,你如何让他喜欢上读书呢? 请设计一个具体方案。

_____

_____

五、考核与反思

（1）本专题学习的关键词是什么?

（2）结合你所讲授的一课,谈谈你对"关注个体分层指导"的理解。

（3）听老教师的不同班级的同一课,谈谈他在"关注个体分层指导"方面值得你学习的经验。

（4）提供自己一节课影像资料,谈谈你在这一课中"关注个体分层指导"方面的优点和值得改进的地方,注意要结合具体做法去谈。

专题八　有效利用评价结果

> 1. 知道"反思评价、改进教学"的三个等级要求。
> 2. 解释"反思评价、改进教学"的含义。
> 3. 基于反思评价，有效改进教学。

一、问题的提出：如何提高教师"反思评价、改进教学"的能力

（一）热身活动

▶▶ **活动1**　学习课程文件。

　　请分条目摘录《义务教育语文课程标准（2011 年版）》或《普通高中语文课程标准（2003年）》中有关教学评价的相关要求和建议。

_____

_____

▶▶ **活动2**　问题驱动、讨论交流。

　　思考：教学评价的目的是什么？如何进行有效的教学评价？有关自我评价，你还有什么疑问？请将自己的理解和困惑在小组内和大家分享，将上述问题的认识填写在下面的横线上。

_____

_____

编者的话

　　一般认为，教学评价就是用批判和审视的眼光，多角度地观察、分析、反省、评估自己的思想、观念和行为，并做出理性的判断和选择的过程。评价的目的就是聚焦于微观课堂教学行为进行分析，发现教师的优势与不足，不断改进教师的教学行为，提高教学质量。

1. 评价的目的

　　课程实施的一个关键因素，就是评价。我国教育部颁发的《基础教育课程改革纲要（试行）》指出："建立促进学生全面发展的评价体系。评价不仅要关注学生的学业成绩，而且要发现和发展学生多方面的潜能，了解学生发展中的需要，帮助学生认识自我，建立自信。发挥评价的教育功能，促进学生在原有水平上的发展。"《义务教育语文课程标准（2011版）》指出："建立促进学生全面发展的评价体系。评价不仅要关注学生的学业成绩，而且要发现和发展学生多方面的潜能，了解学生发展中的需要，帮助学生认识自我，建立自信。发挥评价的教育功能，促进学生在原有水平上的发展。""课标"指出"改进教师的教学"是评价的一个主要目的。教师可通过过程性评价和终结性评价获得教学反馈信息，诊断学生的学习困难，提供相应的教学改进。同时，教师也要对自己的教学行为做出诊断和反思，根据评价结果，适时调整和改善教学过程，这对教师改进教学、提高教学质量具有重要的促进作用。教学评价是对整个教学设计的运用和教学过程的检验。因为教学过程的复杂化和主体多元性，我们不可能对整个教学设计的运用和教学过程进行全方位的反思。因此，建议教师们在做教学反思时，应该集中一两个点：有事件的简述、有理性的思考和理论的提炼；教学反思的内容可以是教学理念、教学活动、教学方法和教材处理等等；教学反思的着眼点既可以反思成功之处，也可以反思不足，或者二者兼而有之，并提出改进方案。

2. 评价的价值

　　（1）评价的根本目的在于改进教学，提高教学质量，促进学生的学业发展。

　　（2）评价的基本出发点是研究和提升课堂教学，因而，教学目标的设计、教学内容的确立、教学组织形式、教学策略的选择等，就成为反思评价的主要对象。

　　（3）评价采用的方法是教学行为的研究法，也就是通过教师自身的实践进行研究。

　　（4）评价也是教师专业学习和全面发展诉求，促使教师向学习型教师、研究型教师转化。

　　（5）评价可以改变教师自己的生活方式、体会存在的价值与意义，从而提升思维质量。

（二）问题列举

　　在经济、文化与教育等瞬息万变的今天，越来越多的教师认识到教学评价可以检查是否达到教学目标；分析教学中的不足；记录教学中的困惑；发现某种教育教学行为是否对学生有伤害；可以发现自己的教育教学方法是否适合学生等。可以说，教学评价无论对教师自身教学水平的提高，还是对教学效果的提高都有着举足轻重的作用。目前，教师在通过评价改进教学方面可能存在着以下问题：

（1）评价的目的不是为了改进教学，而仅仅是为了应付检查工作。

（2）评价的主体仅限于教师，忽视学生主体的价值。

（3）评价的形式陈旧，流于程式化、模式化。

（4）评价的内容面面俱到，缺乏有效的思考。

（5）过于关注终结性评价，忽视过程性评价。

二、对于"反思评价、改进教学"检核标准的解读

（一）具体要求

"反思评价、改进教学"检核标准如表 8-1 所示。

表 8-1 "反思评价、改进教学"检核标准

能力要点	合　格	良　好	优　秀
反思评价改进教学	能够积累评价材料，并根据自己和他人的评价改进教学	能够将自己的评价意见与他人进行有效交流，并对他人提出教学改进建议	能够对分析结果进行理论提升，并对教学提出系统的改进方案

《北京市朝阳区教师教学基本能力检核标准》对"反思评价、改进教学"提出了三个等级的要求。如果抽取其关键词，就可以更清楚地看到它们也是层层递进的：积累反思材料、改进教学，与他人进行有效交流，提升理论、提出系统的改进方案。

（二）概念解读

1．评价的含义

从心理学的视角来看，自我评价（reflected self-appraisals）是指个体对于他人如何看待自己的知觉（Pfeifer etal. 2009）。Kenny 和 DePaulo 在探讨人们是否准确地知道他人对自己的看法时，引入元知觉（meta-perception）这一概念，也是指个体推断他人对自己的看法。Tice 和 Wallace 将反思评价定义为个体推断他人是如何看待自己的。

从教育学的视角来看，杜威指出"反思评价是问题解决的一种特殊形式，它不仅涉及一系列观念，也包含其结果。它是一个连贯的观念序列，其排列方式使每个观察将其后续的观念作为它决定下的恰当的结果，而且每一个结果又反过来依赖于，或指涉它前面的观念"。他将反思（评价）看成是一个能动的、审慎的认知加工过程，它包含大量涉及个体内在信念和知识的相互关联的观念，反省性思维一般与实践问题密切相连，它允许个体在可能的解决办法产生之前困惑的存在。D.A. 舒恩（Schon，1983）认为反思（评价）是专业工作者在其工作过程中能够建构或重新建构遇到的问题，并在问题背景下进一步探究问题。

Ross（1989）指出，教师的评价水平的提高，也要求其相应的态度和能力的发展，这些能力和态度包括内省（introspection）、思维的开放性和教师对其决定和行为承担责任的愿望等。同时，从不同角度看问题的能力、对课堂事件进行多样化解释的能力，以及运用论据支持或评价情境与决策的能力等，对教师评价能力的提高也是必要的。

我国学者对自我评价的界定如学者黄丽认为，"反思自我评价指某个个体想象着别人如何看待自己，如何评价自己。"岳彩镇认为，"反思自我评价作为镜像自我的核心要素，指个体对于他人如何看待自己的知觉。"

2．评价的构成

评价由自我评价、他人评价、反思评价组成。

Kinch 将镜像过程用于解释人们关于自身的想法是如何发展的问题上。Kinch 的模型包含三个成分：

（1）自我评价（self-appraisals），即我们对于我们自己的想法。

（2）反思评价（reflected appraisals），eplip 个体想象或推断他人对自己的评价。

（3）他人实际评价（actual appraisals）即他人对于我们的实际评价（Brown，2004）。Kinch 认为，他人实际评价决定了反思评价，反思评价决定了自我评价。

还有研究者认为，评价是教师对于教育事件进行理性选择的一种思维方式和态度，其成分包括：

（1）承认教育困境（educa tional di lemma）的存在。

（2）在确认该情境的独特性以及与其他情境的相似性的基础上，对这种困境作出回答。

（3）对这种教学困境进行建构和重建。

（4）采用不同的方法进行尝试，以发现其结果和实质。

（5）检验所采用方法的预期和非预期的结果，对该方法作出评价。

布威克班克和麦吉尔提出教师反思的五个层次：行动、行动中的反思、对行动中的反思的描述、对行动中反思的描述的反思、对行动反思的反思。强调反思不仅是个体的，而且也应该有团体的反思。教师反思中的第五个层次强调的就是教师团队对"行动中的反思"进行的团体反思。

3．评价的内容

教师评价的内容，即教师评价什么？一直是评价研究的重点。Van Manen 提出的教师反思的三阶段理论经常被研究者所采用，即教师评价能力的发展分为三个阶段，在不同阶段，教师反思的重点及关注的内容是不同的。其划分的三个阶段是：技术的合理性阶段（technical rationality）、实际行动阶段（practical action）、批判性反思阶段（critical reflection）。

国内学者也对评价内容进行了划分，吴卫东、骆伯巍将教师反思指向与不同的教师群体联系起来，即新手型教师主要进行教学技能反思，适应型教师更多地进行教学策略反思，成熟型教师进行教学理念反思，专家型教师则进行教育科研反思。张立昌则将反思内容划分为两类，即教师的理念（或知识）领域和行为（或操作）领域。马宁、余胜泉则认为从内容上来看，教师的评价应包括：

（1）对教学设计的评价，如教学目标的制定是否合理？选择的教学模式与策略是否合适？选择与提供的媒体、资源、工具等是否合适？选取的评价方式是否合理？

（2）对教学效果的评价，如学生是否达到了教学目标？学生是否对所学内容充满兴趣？学生对所学内容是否具有一定的迁移运用能力？

（3）对教学行为的评价，如教师的语言表达、动作行为是否规范？在进行反思时，教师可通过对课程的再忆、向学生发放的调查问卷、学生的练习作业、课堂录像等方式来获取信息。

（三）要素提炼

1. 积累评价材料

苏联大教育家赞可夫说："没有个人的思考，没有对自己经验的总结，没有对自己经验寻根究底的精神，提高教学水平就是不可思议的。"因此随手记录教学反思，随时收集整理评价的材料应成为教师日常教学的习惯。聚沙成塔，集腋成裘。在教育教学工作中采撷与积累反思评价的材料，是教师专业发展和自我成长的核心因素。

到底应该积累哪些材料呢？特级教师于漪老师以自己长期的教学实践经验给我们以指引。她认为一个基本的备课模式，应是"一篇课文、三次备课、两次反思"。

1）第一次备课

在认真研读课程标准和教科书的基础上，不看任何参考书与文献，完全按照个人见解准备教案。

2）第二次备课

广泛涉猎，仔细对照，看哪些东西我想到了，人家也想到了。哪些东西我没有想到，但人家想到了，学习理解后补进自己的教案。哪些东西我想到了，但人家没想到，我要到课堂上去用一用，是否我想的真有道理，这些可能会成为我以后的特色。

3）第三次备课

边教边改，在设想与上课的不同细节中，区别顺利与困难之处，课后再次"备课"，修改教案。

不难看出，于老师的这种评价模式其实就是教案的预设计、课前反思、课堂验证、课后再备课，不断评价、不断调整。其中，三次备课所关注的侧重点有所不同，即：第一次备课集中关注自我经验，强调真实的我、实在的我；第二次备课其实就是我们所强调的课前反思，其关注点在于文献资料，特别是别人已有的经验和教训；第三次备课就是我们所强调的课后再备课、课后反思，其关注点在于课堂现实。在顾泠沅等老师看来，于老师在三次备课的同时，有两次反思，一次是围绕经验与理念的反思，另一次是围绕设计与现实的反思。教育专家的成功经验告诉我们，每一节课的反思评价至少两方面的内容："理论"加"实践"。

2．改进教学

评价可以从教学实践中选择适当的教学实例进行描述和分析。在评价教师的教学行为时，符合标准要求的教学行为会得到肯定，而不符合标准要求的教学行为会得到质疑、否定。这就使教师在教学目标确定、教学行为选择、教学组织形式安排等方面自觉用评价标准来考量。这样，教师可以更清楚地认识到有些教学理念或行为为什么取得了成功，有些教学理念或行为为什么效果不够理想。反思评价，客观上起到引导教师改变教学，不断提高教学能力的目的。教师能更加明确有效的教学行为及其理论依据，从而更有效地指引今后的教学实践。

例如有位教师在复习古典诗歌的艺术创作手法时，认为《诗经》里"赋"与"兴"手法的运用是学生理解的难点。朱熹关于"赋""比""兴"的定义虽然准确简洁，但老师如果照本宣科，学生会感到既难以理解，又枯燥无味。于是，这位教师反思怎样才能化深奥为浅显，化抽象为形象，化枯燥为生动？这位教师在课堂上讲"赋"和"兴"时引入了同学们喜欢和熟悉的流行歌曲。讲"赋"时，在解释了"赋"的含义实际上就是直接进行叙述或描写后，引了《小芳》的歌词："村里有个姑娘叫小芳，长得美丽又善良，一双美丽的大眼睛，辫子粗又长……"指明这种从多方面进行描写的方法实际上就是古代所说的"赋"。讲"兴"时，引用《纤夫的爱》的歌词："天不刮风天不下雨天上有太阳，妹不开口妹不说话妹心怎么想"，讲清了"先言它物以引起所咏之辞"的含义。这种以俗解雅的方法，在教学中显得轻松风趣，极大地调动了学生复习语文的兴趣。这位教师在课堂教学中能化"压力"为"魅力"，让"学生喜欢你教的东西"，极大改进了教学实效。

3．有效交流

教师应有意识地把自己的评价与他人进行交流，反思他人的评价进而提出改进的建议。评价作为一个最重要的外部因素，由于有教研人员、教学同伴的参与，对课堂教学的分析会从不同方面展开，可以弥补自我评价可能存在的不足，达到取长补短、集思广益的目的，使教师教学能力的发展更快。反思评价会促使教师发现自己不易发现的一些问题，通过分析、交流，执教者会对各种意见进行反思，找到需要努力提高的方面，从而逐步提高自己的教学水平。

4．理论提升

是指能够对自己或他人的课堂教学行为进行理论阐释，而不停留在就事论事上；能够从教学行为中反省、透视教育观念，并能够从观念、行为等各个层面提出改进意见，从而有效利用评价结果，在反思中不断改进教学。

在课程改革的背景下，我们所依据的理论主要来自各个学科的课程标准。课程标准是反思评价、理论提升、提出系统意见的根本依据。所以，反思评价的过程也是学习课程标准、探索教育规律、更新教育观念的过程。

5.系统的改进方案

教师能够依据评价的结果相应提出教学改进的方案，并提供理论和实践的支持。改进方案应是牵一发动全身，是基于对某个或某些教学问题的系统改进。囿于篇幅的限制，以下仅以"学情分析"为例，说明改进的缘由。完整的改进方案将在以下"良好层级的能力表现"呈现。

"学情分析"既是一个老生常谈的问题，又是语文教学实践中长期被忽视或处理不好的问题。以人教版语文八年级下册第四单元为例，思考如何做学情分析，以往的散文教学都是单篇讲解式，即《云南的歌会》《吆喝》分别各用一到两课时完成。本次教学将两课书整合成一课时的专题学习是一次有益的尝试。散文教学内容的确定，一是依据文章体式的分析，二是依据学生学情的分析。对学情的分析可采用课前布置预习思考题的方式，上课前询问学生是否看了课文，与课文有关的内容掌握了多少，或者让学生提出问题，或者请学生事先递交对课文的书面质疑，或者让学生谈初读作品的基本感觉。教师们对学生学习这两篇课文有一个基本的学情假设：文章中的审美情趣与学生的情感经验之间存在一定的距离；华丽与平白语言的表现力与学生的鉴赏能力之间存在一定的距离。

为弄清楚这个假设的具体内涵，教师应对准备任教的初二学生做学情调查，预习作业可以布置三个：

（1）阅读两篇课文，请用简洁的语言概括主要内容及作者表达的情感。

（2）两篇课文，你最喜欢哪一篇？请指出并简要说明原因。

（3）你在两篇课文的阅读过程中有哪些疑惑或困难需要老师帮助解决，请分条陈述。

调查结果分析为：对第（1）道题（文章内容与情感）的回答，学生认为"作者描写了三种不同的歌会，表达了作者对云南风土人情的赞美和作者写了老北京的各种吆喝，表达了作者对老北京的怀念等内容"的占83.1%。这表明，学生自读课文之后，绝大部分学生对文章内容和情感基本把握住了，这部分内容不应该成为教学内容的核心。在第2题和第3题的回答中，写到"喜欢《云南的歌会》，因为描写具体，语言生动""我不明白为什么有的吆喝写得具体，有的吆喝写得很简单？"等内容的学生占43%。也即近半数的学生感兴趣或感到难以理解的内容集中在"不同语言特色，表现作者情感"上。从学情角度来看，教师在核心教学内容的选择上，应该将落点放在引导学生去理解"带有主观色彩的散文语言"上。

三、"反思评价、改进教学"典型案例交流

案例1（**合格层次：教学环节能围绕核心问题展开，评价的重点在于教学环节间的逻辑关系**）

> 如何理解《大道之行也》中所提到的"大同"思想（微格教学）
>
> 教学流程：
>
> 第一环节：阅读《礼记》中对小康的描述，"大同"与"小康"有哪些不同？
>
> 第二环节：上述不同中，哪点不同是造成"大同"与"小康"巨大差异的根本原因呢？
>
> 第三环节："大同"和"小康"的根本不同点是"为公"和"为家"，分别理解它们的含义，说说两者的区别是什么？
>
> 第四环节：行"大道"是实现"大同"的前提，如何理解文章中的"大道"，"大道"存在过吗？
>
> 第五环节：结合你所读过的其他文章、文学作品中，想想哪个故事最能体现文章中所描绘的"大同"思想？请把原文读给大家，或把文章介绍给大家，说说你的看法。

【自评】

首都师范大学附属实验学校的邓力铄老师在自评中写道：微格展示比赛特别强调教学设计中提问的逻辑性和阶梯型，问题链需围绕核心问题进行设计。本节课的核心问题确定为"如何理解《大道之行也》中所提到的'大同'社会"，在陈老师的指导下，我围绕着此核心问题所设计的问题链经过多次修改。第二次修改时有意识地围绕核心问题设计问题链。但是从学生的认知角度来看，《大道之行也》中，"大道""大同""天下为公"概念较多，且不易理清三者间的逻辑关系。同时，问题链在表述上感觉首尾并无关联。故需要再次修改。为了让问题链的整体设计均指向核心问题，第三次的设计又做了如下调整：在对比阅读之前先明确"大同"社会的本质特征是什么？课文从哪些方面来描绘"大同社会"？目的在于使问题链的层次更加清晰，明确指向理解"大同"思想。在确保问题链连续性的同时，还使问题链自然地形成了三个梯度：事实认知——掌握概念——运用迁移，消除学生对重点、难点的畏惧心理，从而使学生更好地在课堂环节实施中达成教师设立的教学目标。

【点评】

邓力铄老师参加工作第二年，有幸作为朝阳区语文学科的选手，参加了北京市"初中青年教师教学技能展示比赛"活动，并获得北京市一等奖的好成绩。作为刚参加工作的教师，值得肯定的是，邓老师对三次修改的问题链、三稿教学设计都做了自我评价资料的收集。而且，邓老师还将三次问题链单独放在一个文件中，对比做出相应的反思评价。这说明邓老师能意识到问题链是微格教学的核心，每个问题直指核心问题，且每个问题之间构成了

内在的逻辑关系。在备课过程中，邓老师能不断吸取专家团队给出的评价和建议，不断改进教学。但是作为教学反思，还有很多提升的空间。例如教师应反思：核心问题与问题链之间的关系是什么？"问题链"是教师为了实现一定的教学目标，根据学生已有的知识或经验，将学生学习过程中将要产生或可能产生的困惑，转换为层次鲜明、具有系统性的一连串的教学问题（一组有中心、有序列、相对独立而又相互关联的问题）。反思这一问题，有利于教师明确"问题链"对学生学法的形成有较强的导向作用，是促进学生理解和掌握知识，发展学生的思维能力，评价教学效果，以及推动学生实现预期目标的一种有效控制手段，是提高课堂教学效率的一种教学策略。再如，前两次问题链的设计的问题是什么？这类主题式问题链的设计应牢牢抓住主题，整合教学内容，以问题链勾勒一课的脉络，强化语文的学科思维，渗透价值观引领。专题教学，有利于学生贯通知识点的纵横联系，构建知识体系，化解重难点，实现深度理解，完成知识的迁移，锻炼思维能力。由比较而生成的问题有助于激发学生探究欲望，推动学生持续学习。

▰▰▰ 案例2 （良好层次：能根据挖掘文本特征确定专题研究的重点，评价的重点在于专题研究的起点和课堂的生成）

《云南的歌会》《吆喝》专题教学流程

第一环节：品读描写句：分别从两篇文章中找出你认为描写最有意思的一句（段）话，推荐给大家。提出批注的具体要求。

第二环节：两篇文章描写的侧重点有什么不同？为什么会有这样的不同？

第三环节：结合描写的重点，借助资料，感受作者别样的情感。

第四环节：通过感悟描写句的"意思"，发现两篇文章描写的重点不同。借助资料，理解了作者所抒发的别样情感。

【点评】

在与某中学语文教师的多次深入地备课过程中，我们越来越清晰地认识到准确把握学情和深入分析学情的重要性。准确地了解我们的教学应该站在什么样的认知起点，是课堂有效性的前提条件。而准确把握学生的认知起点，学情分析是关键。学情分析目前主要有经验判断和实证分析两种方式：前者主要是教师基于以往的教学经验对学情进行判断，属于主观判断；后者则是通过观察、实验或调查等方法获取客观资料对学情进行判断、分析，强调根据实际情况或资料进行客观判断。"女生的散文阅读水平高于男生。从散文阅读的角度看，学生具备整体感知散文主要内容的能力，但是对散文情感的把握理解程度存在些许差异。"最初的学情分析是基于教师个人以往的教学经验获取的。这种经验判断在一定程度上，虽然也是通过实证获得的，但是通过几次基于学情的教学设计的修改，某中学语文教师认识到学情分析不能只是教师备课时主观的估测和判断，而是要结合对教材的正确认知和对学生已经掌握知识的实证研究，才能找准认知起点，为学生自主学习创造条件。因此，学情分析做了如下修改：

《云南的歌会》和《吆喝》两篇散文：一篇语言优美，另一篇语言平白。青春期的中学生情感丰富，适合中学生的阅读口味。八年级的学生已经接触过一些散文篇目，思想渐趋深刻，分析问题的能力比七年级有很大提高，初步掌握了一般记叙文的学习方法，能自选角度切入文章。如：从修辞角度分析语言特点；通过语言、动作、外貌等描写分析人物性格；对布局谋篇进行简单评价。《云南的歌会》和《吆喝》两篇散文，描写云南歌会的场景生动而颇具情趣，很能够吸引学生、兴趣；描写老北京吆喝的场景形象丰富而画面感十足。学生对于云南的了解源于旅游的亲历；对于老北京的认识也有一定的基础。对于两篇散文蕴含的生命的赞歌和对老北京的怀念，学生因阅历有限，理解较单薄。所以教师应适时补充介绍作者其人身世和经历，使学生在知人论世的基础上对作品有较为深刻的理解。了解到八年级的学生积累了一些散文知识，也具有一定的社会生活经验，在专题学习中引导学生凭借这些经验欣赏文学作品，在多种形式的诵读中逐步丰富他们的情感体验，初步领悟作品内涵，从中获得对自然、对社会、对人生的有益启示。

正是基于经验判断和实证分析的结合，修改的教学设计体现了学情分析由经验判断转向结合量化研究的转化结果。有效的学情分析指向课堂教学，即教学设计中有根据学生具体情况"量体裁衣"的针对性思考。

总评

本节课从最初的设计到最后的改进实施，有个很大的转变。最开始设计这节课，可能作为初中教师来讲，什么是专题，选一个初二年级学生适合的专题，这一认识也是模糊的。选定了《云南的歌会》和《吆喝》两课后，我们认为专题阅读的角度比较多，光凭一节课很难实现。于是，我们就聚焦到以描写为切入口，来进行课堂研讨。我们都很痛苦的备课，选专题。从开始的懵懂到最后专题的确定，这本身通过今天的课，我们感觉这是在教语文。

历经几次学情分析的自我评价，他人评价以及评价的多次交流，某中学语文教师深深意识到学情分析的重要性。这种评价交流的有效性体现在以下几方面。首先，学生在语文学业水平的发展是不均衡的，认识是存在深浅差异的。不能一概依据以往的教学经验粗略判断，应该结合预习、课前访谈以及课上学生反馈，找到学生学习的起点和教学的重点难点。其次，学情分析要关注学生、多观察、勤调查、善思考，多问几个为什么、多设想、多实践、多记录典型个案。最后，教师树立"以学定教"的意识，为学生的学习需求而做教学设计。我们只要认真研究学生的已有知识、实际需要、能力水平和认知倾向，才能更有效地优化教学过程，达成教学目标，提高教学效率。

　　通过这样一节课，我们明确了评价在教学过程中的作用。评价这节课的优劣，不是最终目的，最终目的在于发现教学存在的问题，在于针对性地做出有效的教学改进。评价在这里又是一个量尺，可能对于大部分教师来说是个标尺。但是对于骨干教师来说，评价就应该是把量尺，随着教师教学水平和教学底蕴不同，评价应该紧随着提高要求。

案例3（优秀层次：教学活动的设计颇具匠心，评价的重点在于学生思维深度和综合度）

《登岳阳楼》教学流程

　　第一环节：学生听记诗歌，核对原文后查找正误。考虑出错的原因？对诗中哪些地方非常感兴趣？

　　第二环节：透过想象，给《登岳阳楼》增两个字，位置不限，变七言之诗。

　　第三环节：透过想象，给《登岳阳楼》减一个字，位置不限，变四言之诗。

　　第四环节：透过想象，给《登岳阳楼》减两个字，位置不限，变三言之诗。

【点评】

　　活动设计对学生思维发展的促进是无疑的。如第一个活动，不单是考查学生书写能力，更是考查学生对词语辨析能力。课堂上，有学生把"昔"字写成了"夕"，一字之差表面在字形，实际却是评价学生对词义的理解能力。而后三个环节的设计，更是为了促进学生高级思维活动。学生要在不长的时间内完成对诗文的理解、品味，还要对词语进行比较、删选的过程中完成改诗活动，而且最终还要通过学生的言语思维进行合理的解说。这样的活动就将学生的学习与发展置于课堂最重要的位置，而教师对学生适时的点拨、指导作用也就显而易见。所以，一堂通常定位于师生共同参与的"品读意向意境感情"古诗鉴赏课，就被这样的以学生积极思索的课堂活动替代。既合乎学生乐学的趣味，又合乎促进学生主体发展的理念。

　　在课堂活动"改诗"这个环节，学生非常认真用心，或是因为借班上课或是因为平时这种思维训练较少，学生感觉不太适应，课堂直言"有难度"。后来，教师建议学生可以合作完成，学生才略显从容。而在交流的过程中，学生又显得较为羞涩。课堂上，教师分别选取了改写七言诗、三言诗、和四言诗的各一位同学共三人来进行交流。对前两位同学改写的七言诗和三言诗，教师逐一指导其比较改写作品的词语与原作的不同及优劣。这样到第三位同学发言时，不需用家迫使帮忙，他就将自己改写的四言诗与原作进行比较的词语，思路清晰，语言流畅。

一节 40 分钟的课虽然普通，但它却带给教师很多的思考。尤其是教师在外地上过很多课，与学生互动，调节气氛对教师本人来说并不难。然而《登岳阳楼》这节课呈现的活跃感不同于以往，让教师似乎有了从未有过的阵痛与欣慰。阵痛或是因为这节课呈现的学生的思维活动，颠覆了曾经固有的预设丰富课堂教学素材的教学模式。让其深切感受到一个优秀的语文教师，不仅要有对课前学生思维活动的良好预设，更要注重在教学实践中随着学生的即使生成彰显对课堂准确完美的驾驭与掌控能力。

总评

本节课是北京一位高中语文教师在深圳上的一节高中古诗歌鉴赏课。教师主要围绕着"以学生为主体的活动设计"加以分析，并呈现了古诗歌阅读鉴赏课教学活动的目标设计、策略调整、方法指导等具体操作办法和改进方案。打破了常规的"师生共赏"的古诗歌阅读鉴赏课的教学模式，具有较大的学习价值。

现代教学评价发展的一个重要趋势就是重视自我评价在评价过程中的作用，力求将自我评价与外部评价有机地结合起来。教师授课质量的评价，应从教学目标、教学过程、教学效果和效益度四方面来总体考虑，本着科学性、艺术性、教育性及效度（教学收益与教学消耗比）高的原则，进行综合、系统地评价。评价在这里的显著体征表现为"理论化""框架式"。真正有价值的学习被认为是基于以学习者的主体需求，注重在实践认知活动中加强新知识与旧知识的联系，强调知识和技能的应用实践，创新迁移，强调学习过程的体验与浸润。对于习惯了感性教书的语文教师，有意识地积累评价的材料并将评价内容梳理，进而研究教学行为背后的教学理念，有利于建构评价自身的理论框架。真正意义上的学习是学习者主动建构的过程。现代教学评价重视和发挥被评价对象的自觉性和积极性，被评价者成为评价主体中的一员，并强调评价者和被评价者之间的互动，既提高了被评价者的主体地位，将评价变成了主动参与、自我反思、自我教育、自我发展的过程，也有助于被评价者接纳和认同评价结果，促进其不断改进，获得发展。

四、"反思评价、改进教学"能力训练

（一）操作要点及建议

1. 课前评价——基于学情和课标考量教学设计的恰切性

作为备课（教学设计）后期工作的一个环节，课前的教学评价，其重要性是不言而喻的。在教学前进行反思，能使教学成为一种自觉的实践。其主要目的在于进一步明确教学目标，确定教学起点，检验预设方案。

（1）考量教学设计与学生实际水平的吻合程度，这是课前教学评价的首要内容。教师在备课时心中有学生，体现了教学"以学生为本"的教育理念。其目的，一方面在于进一步明确教学目标，对自己的教学设计进行查缺补漏、吸收、内化，重新审视这个教学设计的利弊得失；另一方面的目的则在于，关注学生的学习需求，准确把握学生的最近发展区，使教学设计更加符合学生实际。

（2）评价教学设计的重要工作还在于，检验预设方案的可行性。在备课时，评价教学设计是否以课标为依据，是否从整册教材和每个单元出发，对每堂课的内容进行综合思考、综合研究，把每一节课都放在单元系统、本册教材系统，乃至整个中学教材系统去理解、去把握、去定位。只有做到了站在课程的高度去审视教材，把握教材，进而创造性地使用教材。

（3）无评价教学设计与学生实际、课程标准的吻合程度，其核心就在于检验预设方案，进一步明确教学目标，确定教学的起点。

2. 课上评价——关注课堂生成，及时调整方略

在教学中进行评价，即及时、自动地在行动过程中反思，这种评价能使教学高质高效地进行。

（1）重视生成，丰富学习资源。课堂教学的核心就是"一切为了学生的发展"，而"发展"本身就是动态生成过程。叶澜教授也曾说过："课堂应是向未知方向挺进的旅程，随时都有可能发现意外的通道和美丽的图景，而不是一切都必须遵循固定线路而没激情的行程。"这就告诉我们，课堂需要预设，更要重视精彩的生成。通过教师敏锐及时地反应，适当有效地调整，灵活机智地引导等综合能力，将课堂上的教学事件现场生成为有效的课程资源，调整为新的教学环节的教育教学研究。

（2）强化学生的问题意识。教师如何培养学生的质疑能力，让合作、探究的理念指导自己的教学，以便更有效地提高课堂教学效率，这是新形势下每位教师都必须思索的现实问题。教师要转变教育观念，引导学生有创见；营造和谐氛围，鼓励学生质疑问难；创设问题情境，培养学生积极心态和问题意识；加强双基训练，为学生问题意识的培养提供必要的知识和能力基础；教给学生产生问题的思维方法和提问的技能；教师要强化问题意识。

3.课后评价——审视得失，理论提升

课堂是教师实践教育活动的主阵地，教师在课后及时评价自己在讲课技能技巧、教学手段、教学方法、教学模式等方面的漏点、遗憾及亮点，及时地积累教学的经验和体验，进而提炼亮点、激发智慧。

课后评价的过程就是回顾教学——分析得失——查出原因——寻求对策——以利后行的过程。教师通过分析和评价自己讲课中的心路历程，在反思中发现自己内隐的教育观念，进而能更为清楚地看到自我成长的轨迹和内在专业结构的发展过程，进而为更好地实行专业发展的自控和调节奠定坚实的基础。

（二）训练活动

自选一课时的教学内容，完整地进行课前、课中和课后的教学评价。将你的发现或困惑，与他人分享。

五、考核与反思

（一）评价标准

"反思评价"标准如表 8-2 所示。

表 8-2　"反思评价"标准

能力要点	合　格	良　好	优　秀
掌握教学评价标准	能够了解课堂评价标准的具体内容，并能结合实例进行解释	能够确定教科书呈现的自然单元教学效果评价标准	能够确定学生某种能力发展单元的教学效果评价标准
科学运用评价方式	能够有理有据地对自己或他人的教学进行评价	能够分析教师行为与学生表现之间的因果关系	能够实现评价主体的多元化和评价方式的多样性，找出导致教学成功与失败的根本原因
反思评价改进教学	能够积累评价材料，并根据自己的反思和他人的评价改进教学	能够将自己的评价意见与他人进行有效交流，对对他人提出教学改进建议	能够对分析结果进行理论提升，并对教学提出系统的改进方案

（二）考核试题

（1）《检核标准》中"反思评价，改进教学"三个等级的核心词分别是什么？

（2）请用思维导图的形式呈现自我评价涉及的各项内容及彼此间的关系。

（3）教学反思贯穿于整个教学过程。在不同阶段，你是怎样借助自我评价来改进教学的？

专题九　反思教学、改进教学

1. 了解教学反思的范畴及呈现形式。

2. 品读优秀的教学反思的案例，撰写自己的教学反思，从而优化教学。

3. 充分整合各种教学反思的资源，养成反思教学的习惯。

"反思"又叫"反省"，是近代西方哲学的概念。英国哲学家洛克认为，反思是人对自身活动的注意，是知识的来源之一：人通过反思，获得观念、怀疑、信仰等。在我国，这个词被普遍使用在文学和教育上。教学反思是课程改革以来强调的概念，人们普遍认为，它是教师成长的重要途径。无论是青年教师还是教学经验丰富的教师，都需要不断地进行教学反思才能使自己的教学能力得到提高，才能使自己由一位经验型教师转变成专家型教师。所以著名教育家波斯纳提出了教师成长公式：教师的成长＝经验＋反思。

一、问题的提出：如何提高教师"反思教学、改进教学"的能力

反思和评价是教师对自己的教学内容、实施过程和教学细节等进行评估、回顾和再加工的过程，是教师提升教学能力改进教学现状的重要一环。无数名师的成长经历都在诠释着反思评价的重要意义。现在，回顾我们的教学实际，自己对反思评价的认识是怎样的？自己对反思评价的实施过程又是怎样的呢？

▶▶ 活动1

教学的反思评价是两个维度的内容，即反思和评价，这两个维度有交叉的部分，但又不尽相同，请你结合自己的教学经历和体验来谈谈自己对反思评价的认识和理解。

_____

_____

教学反思指自己对教学内容的实施过程、方法、效果等回顾、反省、总结等，其主体

多为上课教师自己，是主动自愿进行的，总结出值得坚持做的和需要改进的不足。优秀的教师在反思后会再度实施该课程，以期改进自己的教学、提升自己的能力。教学评价可以是自己对自己的教学进行评价，（如：教学目标是否达成？学生是否真有进步？）也可以是听课者对自己的教学进行评价。两者有交叉也有不同，利用好都可以提升自己的教学能力。

▶▶ **活动 2**

不管是经验丰富的骨干教师，还是经验不足的青年教师。相信你一定会有反思自己的课堂、自己教学的经历，也许早已成文发表，也许还未落实到笔头上，现在请你写出一则教学反思的随笔。

二、对于"反思教学、改进教学"检核标准的解读

教学反思是一种外来的理念和方法，经过 30 余年与我国本土教学理念和方法的融合，逐渐为我们广大教师所用。下面是一些文献综述：

自 20 世纪 80 年代以来，教学反思作为一种新的教育理念注入当时的美、英、德等国家的教育研究中，随后迅速引起了世界范围内的教师及教育界的广泛关注。至此，"教学反思"一词也逐渐走入了人们的视野，开启了各国教育家、研究者们的教学反思研究之路。根据查找相关资料了解到，概括来讲，教学反思是指教师对教育、教学实践的再认识、再思考，并以此来总结经验教训，进一步提高教育教学水平。如今，诸多教师会从自身的教育实践中来反向回顾教学过程并分析存在的问题，进而解决问题，促进教学。研究表明，教学反思在国外，尤其是美国走过了近百年的风雨历程，其在教师教学中的实践与应用从总体上渐趋完善。在国外研究的基础上，我国对于教学反思的研究也有很大进展，突破了理论大关，逐步走向实践。（《中小学教师教学反思的现状及对策研究》，夏葳。辽宁师范大学 2015 年硕士论文）

从教学内容角度观课评教，是语文教学研究的一场变革。这场变革的意义，将随着理论研究的深入和实践的逐渐接纳而越发显豁。首先，从教学内容角度观课评教，引导了语文教学研究关注点的转移，有助于语文教师减少备课的无效劳动。其次，从教学内容角度观课评教，将促使"好"课的形态改变，有助于语文教学回归根本。再次，从教学内容角度观课评教，将使"教师参与课程""教师成为研究者"落到实处，有助于语文教师的专业知识发展。最后，从教学内容角度入手，对语文课观课评教提出了必要的专业准入的条件，这将有助于语文教学研究水平的提升。（王荣生《听王荣生教授评课》，2007 年 8 月，华东师范大学出版社）

要全面认识课堂教学诊断（评价）的重要意义，必须全面理解课堂教学诊断的范畴：

（1）课堂教学诊断，不仅指以专家、领导为主体的他者教学诊断，更主要是指一线的

教师作为教学诊断主体的自我教学诊断，而教师作为主体的自我教学诊断才是课堂教学诊断取得成效的基础和保证；

（2）课堂教学诊断不仅仅是指在一定活动中对教师某一节课或者某一个阶段课堂教学的诊断活动，而是包括教师不断地分析、总结、反思、矫正在内的一个持续的过程；

（3）教学诊断不仅是对现实存在问题的诊断，更是一种发展性的诊断；

（4）教学诊断的目标不是追求使所有被诊断者达到同一目标，而是使被诊断者在原有基础上都得到进步和发展。基于此，我们认为，课堂教学诊断的主要意义在于：

（1）帮助学生实现学习的成长；

（2）促进教师专业素养的提高；

（3）提升课堂教学的品质；

（4）促进教师专业成长共同体的形成；

（5）促进课堂发展和学科研究。

（黄厚江《语文课堂教学诊断》，2011年12月，江苏教育出版社，第9—10页）

硕士研究生夏葳告诉我们教学反思就是教师对教育、教学实践的再认识、再思考，并以此来总结经验教训，进一步提高教育教学水平；大学教授王荣生对我们说评课观课要从"教学内容"的角度来进行，其价值不可估量；一线特级教师黄厚江阐述了课堂诊断（评价）的范畴及其重要意义。综上所引述，我们对教学反思评价的认识是不是可以理解为，这是一种立足于语文教学内容，兼顾到教学形式，帮助学生和教师成长的持续性的活动呢？

▶▶ 活动3

此刻你对教学反思的内容和范畴的认识是不是更进一步了呢？对教学反思的意义和价值的理解是不是更深一层了呢？如果确实如此，请你基于新的体会和思考，在此修改自己在"活动二"中的评价或反思吧。

三、"反思教学、改进教学"典型案例交流

▰▰ 案例1 （不合格层次：反思的内容混乱，没有对教学内容进行深入反思，不能积累相关材料）

一位新任教师借班讲苏轼的《水调歌头》，学生此前已经学过这首词，且能够熟读成诵了。于是这位新教师将课堂设计为三大块：

（1）分别出示以"楷书"和"行书"写成《水调歌头》的两幅书法作品，请不同的同学对照书法作品朗读，再进行点评；

（2）赏析文中用得精妙的"字词"，老师出示范例，学生可以仿照；

（3）美译词作，用优美的语言选择一个片段，用现代汉语表达出来进行展示。

基于这种学情，这份设计应该没有太大的问题。可是课堂不尽人意，课后这位新教师写了一份教学反思，具体内容如下。

得知学生已经学过《水调歌头》，并且已经能够背诵，我很是放心。课上按计划先出示用楷书写的《水调歌头》，请一位同学来朗读，我本以为这个环节会轻而易举，哪知学生将"绮"和"胜"两个字的读音都读错了，我的内心开始打鼓，心想这个程度，后边的环节实行起来会比较困难。那一刻起我开始慌张了，纠正字音后进行下一环节。又请一位同学朗读，这次这位同学都读正确了，于是请一位同学来点评，点评的同学说："他读得很有感情"，我追问了一句："什么叫有感情，请你具体说说他读得怎么有感情了？"那位同学答不上来，我就请他坐下了。现在想想自己当时应该这么处理：大家既然学过这首词，那么我们一起想一想怎么才能读出感情来呢？请大家把想法说出来，再具体落实。这样可能会更精彩一些。果不其然在"赏析"和"美译文章"环节课堂就有些压抑了。总算是上下来了，舒一口气，跳动厉害的心脏慢慢平复下来。课后某老师对我说，你的设计很精彩，但是和学生交流的时候不够流畅，以后可以提升自己和学生在课堂上交流的能力。突然间我对自己的问题也清晰了许多。自己的功夫不够，自己准备的不到位，致使这节课留下了遗憾。如果当时多问几个学生词句的意思，自己对于学情的把握不就更准确了吗，如果内心再平和一些，效果不就会更好一些了吗？

【点评】

这位青年教师的教学反思随意性很强，多为教学"招式"的回顾，缺乏理性的思考。王荣生教授说：从"教学内容"的角度来观课评课，才能真正提升我们的语文教学。这份反思缺乏对第二、三两个环节的深入分析和评价，这两个环节才是这节课的主要阵地。这位青年教师把后两个环节的难以进行归因为第一个环节推进得不好，这有一定道理，但不全面，从教学内容来看，一首诗词当中的"诗眼"和"词眼"是有的，但是不是给出范例学生就能够找到，找到后能不能真正的赏析，对于这些"教学内容"，这位青年教师显而易见是没有认真研究的。至于第三个环节"美译词作"就更值得怀疑，诗词本是不能翻译的，口头表达诗词的意思有助于我们理解内容，但是利用整块的时间来"译读"词作确实值得商榷。我们的反思只有深入到教学内容这个层面才会更深入、更有效。

案例2（合格层次：对教学内容进行深入反思，能够积累反思材料，并根据自己的反思和他人的评价改进教学）

《秋天的怀念》教学反思

在教学中，我是这样安排的：

1. 让学生在读中受感染

这篇课文篇幅不长，但饱含深情。我在课前先让学生对史铁生以及和他的母亲的经历有一个较为详细的了解。在课堂上让学生读的时候就很安静，我让他们能有感情地阅读，说明他们看懂了别人的苦难。情感铺垫之后，我继续情感的感染，我慢慢地、带着深厚的情感读了这篇课文，这时课堂上，学生听得很专注。在我营造的这样的课堂气氛之中，我和学生开始了交流，把自己最感动的地方读读。

2. 让学生在说中得感悟

开始读课文时，让学生边读边划出文中自己最感兴趣的句或段，并要小组间说一说自己喜欢的原因。汇报：有的学生说最喜欢第一自然段，因为"我"因瘫痪，脾气变得暴怒无常，对一切美好的东西都失去信心，砸东西，可是妈妈却忍受了这一切，她不但没有怪"我"还等"我"恢复时说要带"我"去北海看花。有的学生说，我最喜欢第二自然段，因为那里写出妈妈再一次的要带"我"去北海看花，几乎是在央求"我"，妈妈之所以央求"我"是为了让"我"开心呀！有的同学说，我最喜欢最后一个自然段，因为，妈妈虽然离我们而去，但是我明白妈妈的话，懂得珍惜生命和妹妹一起面对生活的困难，勇敢地活下去。也有的同学说，喜欢文中的五、六两个自然段，因为这里讲了"我没想到她已经病成这样"。说明妈妈有病，且因为过度的操劳，病已十分严重了，却还是不告诉儿女，这不都是为了我们儿女吗？还有她临终前的最后一句话，也正体现妈妈在生命垂危时还挂念着自己的儿女该怎么办，根本都没考虑自己，这就是母爱，无私而又伟大的爱。课后有老师评课时说：在此时如果多请几位同学畅所欲言，把他们的真实的感受都说出来就更好了。因为时间和把控课的能力有限，这个地方留有遗憾，下次上课一定会注意，让学生充分发言。

3. 让学生在思中受熏陶

最后一段话学生理解得很深刻。我让学生先读，看看能想到什么，学生说到作者懂得了母亲没有说完的话。提问："我为什么现在懂得了母亲的话？我是怎么懂得的？"我引导学生再读此段联系前句体会，有了效果。有学生说："菊花开得那么生机勃勃，母亲想让我看到菊花也能燃起生活的希望。"还有学生说："黄色的花淡雅，白色的花高洁，紫红色的花热烈而深沉，都能开得那么绚烂，母亲也想让儿子知道我们人也多种多样，都能活出自己的精彩。"说得太好了，说实话我都没想到这儿。我又提问："文中最后一个省略号有什么含义？有哪些意思没有表达出来而用省略号代替了？把你想到的写在省略号的地方。"学生陷入沉思，里面有对母亲的思念、愧疚之情。

当然，教学中某些地方还存有不足，如对母爱的感受，学生找到相关语句却不能概括时，教师的引导还不够，没有善于捕捉学生的语言来追问，在今后的教学设计及教学过程中教师还要善于随机应变，循循善诱，以达到更好的效果。

【点评】

教学"反思评价"合格等次的要求是：能够积累反思材料，并根据自己的反思和他人的评价改进教学。这位教师在反思的过程中积累了材料，"让学生在读中受感染，让学生在说中得感悟，让学生在思中受熏陶"，课堂上让学生动起来学语文，体现了学生的主体地位。而且"读""说""思"是语文学习的基本能力，在课堂上利用教材，让学生"读""说""思"有助于提升学生的语文素养，这一点甚为可取。

这位教师还能够注意到教学环节推进当中的一些"不足"，并且反思得很透彻，为以后的课堂积累了可操作的经验（如，对母爱的感受，学生找到相关语句却不能概括时，教师的引导还不够，没有善于捕捉学生的语言来追问，在今后的教学设计及教学过程中教师还要善于随机应变，循循善诱，以达到更好的效果）。

通篇来看，这位教师的反思能倾听他人的意见，积累了反思的材料，注意到了教学推进中的不足。但是该反思更多的是从教学形式和手段上进行的，对于文本解读（教学内容）方面的反思略显不足，而且通篇来看，此反思更多的是一种感性经验的积累，没有形成理性的沉淀，更没有对今后的教学提出系统的改革。所以此反思为合格等次。

▰▰▰ 案例3（良好层次：积累了反思材料，而且对于教学内容进行更新和重构）

《三峡》教学反思与教学实践

如何让我们的课堂充满生机，让学生意气风发呢？关键在于教师。教师必须改变自己的心态，把每一次上课都当作自己的第一次，努力钻研教材，用心探索适合学生的教学方法，如此一来，课堂就会演变成师生共同营造的一道美丽的风景，美不胜收，让人赏心悦目。

下面，以《三峡》一课为例，谈谈我上这节课的一些做法和感受。

这篇文章，我讲了很多次，文章都已经背得烂熟。以往每次授课都是相同的程序，先解决字词，再让学生疏通文意，然后讲解课文，梳理内容。

这篇课文的学习目标有三项：一是背诵课文；二是掌握重点词语和句子；三是理解文意。应该说学生学习这篇文章并不难，因为课文仅有4个自然段，189个字，且结构简单、清晰，但学生对文言文有一种固有的畏惧情绪，还没有开始学习就已经被吓到了。为此，教师需要帮助学生克服这种心理，树立学好文言文的信心。于是，在备课时，我就下了一番功夫，通过查看资料，进行比较，考虑选择以学生学过的李白的诗《早发白帝城》导入，一来学生熟悉，容易引起兴趣；二来这首诗与课文内容有关联，于是，我决定选择《早发白帝城》导入新课。果不其然，当我问道："你们知道李白的《早发白帝城》吗？"有学生马上就背诵起来，我顺势引导学生："白帝城在哪里？"学生沉入了思考，我又问："你们知道白帝城托孤这个故事吗？谁临终托孤？"有学生说："刘备""那你们知道白帝城在哪里吗？"学生纷纷说："四川、重庆"这时我告诉学生："白帝城位于重庆奉节县瞿塘峡口的长江北岸，奉节东白帝山上，是三峡的著名游览胜地。由此看来，当年，诗仙李白就是在三峡上创作这首诗的。这节课我们就来学习一下郦道元笔下的三峡风光，比较一下与李白的诗有何不同。"

导入固然能激发起学生学习的兴奋，但兴奋过后也就归于平淡了，所以授课内容也要精心设计，才能吸引学生的注意力，延续学生的兴奋，提高学习效率。为此，我在板书课题之后，以"峡"字为突破口，让学生来猜测古人造这个字时的依据。学生们你一言我一语地讨论起来，最后归纳为"山夹着的地方为峡"。我肯定了同学们的判断，并告诉他们："峡"是会意字，何谓会意字？就是由两个或两个以上的象形字、指示字合成一个新的意思。那何谓"峡"？"峡"者，山夹者也，山夹者何？水也。由此展开了对课文内容的讲解。

"峡"者，山夹水者也。那课文主要写了哪些景物？学生马上回答出"山"和"水"，"山"和"水"的特点各是什么？引导学生从课文第一段找出相应的语句："两岸连山，略无阙处。重岩叠嶂，隐天蔽日。自非亭午夜分，不见曦月。"学生概括为："连绵不绝、高耸入云。"同时，我还让学生回忆李白诗中有无写到"山"的连绵和高耸？学生经过讨论得出："彩云间"是写山的"高"，"万重山"是写山的连绵不断。

那三峡的"水"有什么特点呢？在教师的引导下，学生通过对课文二、三、四段的文字理解并概括出来：夏季之水迅疾，冬春之水清澈，秋季之水凄婉。接下来，我问学生："在李白的诗《早发白帝城》中，有没有写到水？"学生们异口同声地回答"有。""是哪两句？""千里江陵一日还，轻舟已过万重山"。"很正确！"我及时鼓励学生，"但这是哪个季节的水啊？"学生纷纷回答："夏季。""从什么地方看出来的？"学生踊跃回答："一日还、已过万重山。""这说明什么？""水流极（疾）速啊。""好！文中有无与之相对应的句子？"有学生迅速站起来背诵道："或王命急宣，有时朝发白帝，暮到江陵其间千二百里，虽乘奔御风不以疾也。""很好！"我继续引导学生，在《早发白帝城》中，诗人除了写山和水外，还写了什么？有学生回答道："猿鸣。""课文中有无描绘？你能背诵吗？"有学生跃跃欲试，站起来背道："每至晴初霜旦，林寒涧肃，常有高猿长啸，属引凄异，空谷传响，哀转久绝。故渔者歌曰：'巴东三峡巫峡长，猿鸣三声泪沾裳'""这里描绘的是哪个季节的景象？"我引导学生抓关键词"晴初霜旦，林寒涧肃"，知晓是秋天时节。"作者在此渲染了一种什么氛围？通过哪个词表现出来的？"学生通过讨论、交流，最后一致认为作者在此渲染了一种凄凉的氛围，通过"凄异"一词和"猿鸣三声泪粘裳"

表现出来。至此，课文分析完毕，教学效果出乎意料的好。

通过本节课的教学，我认识到，设计一节课的导入非常关键，它不仅要"导"，更要"入"。"导"要能引起学生的兴趣，"入"要能起到串联课文内容的作用。本课以《早发白帝城》为导语，显然收到了这样的效果。同时，教师在授课时要有充分的知识储备，才能使课堂趣味盎然。本节课中，我从让学生分析"峡"的构字方法入手，激起了学生浓厚的兴趣，紧扣着"峡"字，后面的"山""水"的特点也就迎刃而解、水到渠成了。由此可见，只要"用心"去领略，即使再"熟悉的风景"，依然有"迷人的地方"。可见在教学中只要教师"用心"去准备，"用心"去思考，"用心"去钻研，熟悉的地方依然有迷人的风景。

（李振昌，《熟悉的地方也有风景——对〈三峡〉一课的教学反思》，《基础教育课程》，2015 年第 20 期）

【点评】

李振昌老师在反思自己以往教学文言文《三峡》时，发现自己以前的教学方式是机械和老套的，并不能真正调动学生的兴趣，提升学生的语文素养。于是认真研读文本，将《三峡》与李白的《早发白帝城》进行比较阅读，极大地调动了学生阅读和思考的兴趣，消除了学生学习文言文的畏难情绪。调整后的教学目标并未有大的改变，但是教学设计巧妙，又利用学生对《早发白帝城》的理解来阅读《三峡》，使得教学效果出奇的精彩。

除了对教学方式的反思和改变外，李老师对于教学内容的更新和重构也是精彩的，带着学生细读文章，品味字词，将《三峡》与李白的《早发白帝城》进行比较阅读，也是教学内容的更新和进步。落实了王荣生教授的观点：从教学内容的角度来观课评课。

但是李老师的反思仅限于这一节课、一篇文。如果能够涉及整个文言文的教学，以这一节课为原点，联系到这一类文言文的教学，再提升到理论层次，以此对自己的教学进行系统的改革，就更进一步了。

案例4（**优秀层次：将教学反思上升到理论层面，对教学进行系统改革**）

教学反思——底气十足的背后

在我工作的第 13 个年头，区里的教研员刘德水老师来我们学校视察督导，听了我的课。

那天，我讲的是《梦游天姥吟留别》。我喜欢李白，《梦游天姥吟留别》是我讲过很多次的篇目，自我感觉得心应手。在疏通文义之后，我设计了这样一个课堂活动：

请同学们在横线上填一个词，并结合具体的诗句说说你的理由：

_____

_____

这是一个 _____ 的梦。

学生显然是读出了点感觉的，先后填上了"惊悚""浪漫""虚幻""可怕"，并结合具体的诗句做出了分析。在五六个学生发言之后，我和学生们分享了自己的感受。

我觉得这是一个瑰丽奇伟的梦，诗人用想象为我们展示了一个瑰丽奇伟的世界、一个瑰丽奇伟的心灵。"天姥连天向天横""势拔五岳掩赤城""天台一万八千丈，对此欲倒东南倾"，诗人三次驰骋笔力，极写天姥山之高；"湖月照我影，送我至剡溪"，描写出诗人在湖光月色中"飞渡"的飘逸；"列缺霹雳，丘峦崩摧。洞天石扉，訇然中开"以下几句让我们似乎看到了奇幻无比的神仙世界，这些诗句创造了瑰丽奇伟的想象世界。而一句"安能摧眉折腰事权贵，使我不得开心颜"让我们看到了在森严的等级制度下，李白傲岸的精神、不屈的灵魂，向我们展示了他瑰丽奇伟的心灵世界。

我注意到，我讲的时候学生们听得很投入，他们频频点头，露出信服的表情，没有一点怀疑，甚至没有一点迟疑地接受了我的观点，有些同学还做了笔记。我稍稍有点得意，随口开了个小小的玩笑："我看到同学们频频点头，表示赞同，这说明老师讲得还是可以的。"就这样，我的分享给整个课堂活动画上了句号。

下课后，我照例请刘老师说课，刘老师从他的听课笔记上撕下来一页纸，上面是他给我开的"药方"：

内实满，溢充于外，而少沉静，宜以疑缓之。疑者何来，多知则疑，见多则不敢信，不敢信则底气不足，不足则弱，则虚，气自沉矣。再以博实之，则沉而实，虚而强，如竹，如水，如风，如雷电，皆如是也。

刘老师又补了一句："自觉真理在握，往往压抑了学生的见解。"

那张"方子"和那句话对我来讲如醍醐灌顶。

我在课堂上有过多少次"侃侃而谈""娓娓道来"？在讲《从军行》的时候，为了帮助学生理解侧面描写烘托气氛的手法，我大段地背诵"关云长温酒斩华雄"；在讲《赤壁赋》的时候，我援引了很多名家的评论，学生们忙着记笔记，根本没时间思考……在一次又一次"秀"出自我之后，学生似乎被我"唬"住了、"镇"住了，我在他们的心目中成了才华横溢、出口成章的"好"老师。在我这位"好"老师的"压迫"下，学生在敬佩仰慕中"接受"，在心悦诚服中被压抑了见解，心甘情愿地放弃了怀疑与思考。

学生乐于接受，这并不可怕，可怕的是学生用"不走脑"的方式"全盘"接受。长此以往，他们就会把"老师的"当成"自己的"，用"老师说的"来代替"自己想的"，造成这种情况的根本原因是——我的底气十足。我的语气、神态都是不容置疑的，我笃定地讲述着自己的感受、自己的观点，于是，这种笃定"支配"了学生的意志，他们相信我说的一切。我的自我表现挤压了学生表现的空间，挤压了学生思考的空间。

我底气十足，是因为我认为自己是真理的拥有者，我是以"权威"的姿态站在讲台上的。刘老师的"方子"已经说明了我为什么会这样"底气十足"："疑者何来，多知则疑，见多则不敢信，不敢信则底气不足，不足则弱，则虚，气自沉矣。"说到底，我的底气十足是"无知""短见"的表现，是"自觉真理在握"的盲目自信。

参加工作以来，我一共讲过五次《梦游天姥吟留别》。第一次我按照教参讲，又查了些资料，没有自己的见解，心虚得很；第二次、第三次，我能把教参和资料上的内容讲得比较熟练，只是语言流畅而已，有中气而没底气；第四次，似乎有了一点自己的阅读感悟，讲自己的，当然有底气；第五次，我对自己的见解深信不疑，而且还有点得意，有点"卖弄"的渴望，在课堂上颇有"表演欲"，于是——底气十足了。当我自信于自己的"浅见"的时候，不知不觉就会"侃侃而谈"，带着压人的气势。

我突然意识到这是"教书十年"的状态，一切似乎都轻车熟路了，站在讲台上也有些"高招"了，已经能脱离教参独立解读文本、独立设计教学过程，这种独立让我不再依赖教参，不再依赖参考资料，误以为自己的足够了——有自己的想法不是坏事，但只有自己的想法就麻烦了，自以为是地伪装"权威"，压制了学生的自我意识，无形中让学生远离了质疑和思考。

怎么调整呢？需要调整自己的心态和与学生交流的方式。我决定从改变与学生的交流方式做起。

第二天走进课堂之前，我下定了决心，今天我什么也不说，布置好任务后让学生畅所欲言，让他们充分发表自己的阅读感悟，然后抓住他们存在的问题，列出进一步阅读探究的任务和具体方法，即使学生读不到位，也要引领学生自己去读，我再也不"炫耀""卖弄"了。我的做法显然让学生有点蒙，几位同学发表意见后，大家突然齐刷刷地抬起头来，期待的目光差一点就让我"崩盘"，我压制住自己的"表现欲"，说了这样一段话：

"刚才同学们发表的意见和观点有些值得我们借鉴，有些还有问题，大家觉得哪些观点还需要我们继续探讨？"

思考片刻后，学生提出了很多疑问。我把这些问题在黑板上列出来。一转头，看到学生们又齐刷刷地抬起头来。我非常清楚学生在等待什么，也非常清楚自己该做什么："同学们，我想这些问题可以通过这样一些方法解决……"

一转眼，两个月过去了。这期间，我也在着力改变自己，我每天都"趴"在电脑前查阅资料，那些熟悉的课文逐渐变得陌生起来，那些早已被我放走的文字突然又有了新的意义。一边读书，一边备课，我更清醒地看到了自己的荒唐——我居然抱着陈旧的观点还底气十足，根本没有关注文艺理论的发展，没有注意到对那些经典课文的解读已经有了那么多新鲜的观点，对文言文中一些文字的解释又有了那么多的考证文章……

我在课堂上已经不是故意把问题"踢"给学生了，有些问题我真的不敢说，有些思考得比较成熟的，我也不敢把话说足，刘老师说"多知则疑"，确实，看得越多，思考的问题就越多，"见多则不敢信，不敢信则底气不足"。

学生进入高二以后，我基本上已经完成了教学方式的"转型"，我在与学生交流的过程中发现问题并提供解决问题的方法，学生对"同行者"还是敢于质疑的，而我也在"虚心"学习的过程中更加"心虚"，课堂教学的语气也发生了变化，慢慢地，我觉得课堂上的"话语霸权"现象已经消除了。在我强力"压制自我"的过程中，学生的自我意识抬头了。这时候，我才意识到，教师和学生的强和弱是相互转化的，教师强的时候，学生往往比较弱，当教师弱下去的时候，学生就强大起来，教师的自我意识无形中压制了学生的自我意识，教师放开手，学生自我表现、自我发展的意识就迸发出来了。

在专业发展的过程中，教师要有自律、自觉、自强的意识，自律是一种自我约束力，自觉是一种自我发展、自我解放的渴望，自强是一种自我提升的需求。刚刚走上讲台的时候，这三种意识都非常强烈，教书十年，自认为成熟的我开始满足于现状，自我发展的需求在无形中被削弱，我底气十足的背后其实是自觉和自强意识的淡薄，继续走下去，底气十足就会变成"外强中干"。

有首歌唱道："走过青春，走过四季，走过我自己。"

这段经历告诉我：走过自己的最佳方式是放下自己，放下自己，去关注学生，放下自己，去博览群书，放下"内实满"，才有可能走向"沉而实""虚而强"。

【点评】

《教学反思——底气十足的背后》是北京教育学院的吴欣歆老师在一线时所作，堪称教学反思的精品。

吴老师因为教研员开出的"药方"和一席话，对自己的教学作出了深入彻底的反思，并且对自己的日常教学做出了系统的改革。教研员说："自觉真理在握，往往压抑了学生的见解。"吴老师就开始反思自己十余年的教学，发现自己底气十足的背后是"无知""短见"，自己在课堂上才华横溢的表现挤压了学生的表现空间，挤压了学生思考的空间，课堂成了表演的舞台。这样的分析和反思是深入的，是理性的，是一种理论的提升。优秀的语文教师，其理念转变之后，往往能够付诸教学实践，吴老师从第二天开始，就让学生在课堂上畅所欲言，谈自己的感悟，然后抓住学生存在的问题进行探究，这样的课堂不再是老师的舞台，而是学生的学堂了，学生思考和感悟的空间也充分了。

吴老师对自己教学的反思和改变并不限于这一篇课文，而是涉及了整个教学方式，这样的做法，吴老师坚持了一年，到了高二，已经基本完成了教学方式的转型，课堂上的"话语霸权"现象已经消除。吴老师为了转变教学方式，整整坚持了一年，正好呼应黄厚江老师所说的："课堂教学诊断不仅仅是指在一定活动中对教师某一节课或者某一个阶段课堂教学的诊断活动，而是包括教师不断地分析、总结、反思、矫正在内的一个持续的过程。"这种反思就是提升自己的教学理论之后的系统改革。

活动4

以上是我们结合具体的课堂案例来理解教学反思评价的不同层级，相信大家对反思评价有了更形象的认识了。此次活动，请你发现自己身边的或者其他的教学案例，并且评析和评定等次。

_____

_____

四、"反思教学、改进教学"能力训练

（一）明确教学反思的内容要求

（1）积极营造学校教师开展教育叙事研究的教研氛围，帮助教师通过撰写教育叙事来促进个人成长。

（2）总结并展示、交流教师在新课程实践中的优秀经验与研究成果，探索建立教师专业成长与教学能力提升的有效机制。

（3）教学反思一定是自己最真实的体会和反思。

（4）具有典型性，简洁明了。

（二）理解教学反思的写作技巧

模板一：先叙后议（如表9–1所示）

表9–1　先叙后议

题目
导言
案例
反思

模板二：夹叙夹议（如表9–2所示）

表9–2　夹叙夹议

题目
导言
夹叙夹议

题目：是一个陈述性语句。

导言：是一个引子，要引人入胜。

案例：陈述课堂的内容，用多种方式来呈现课堂。

（三）了解教学反思的其他形式

1. 札记法

可以记录课堂中最为生动的细节。

2. 叙事法

讲述教育教学故事和教学认识。

3. 观察法

同事之间相互评论，发现别人的优点。

4. 比较法

把自己的课例和优质的课例进行比较研读。

5. 档案法

将自己的课例或者名师的课例收集起来研究。

我们对于教学的反思，只有有了深入、系统、理性的认识，我们的反思才是有实际意义的，我们对教学的改进也才是真正的改进。我们今后的观课、评课才不会盲从和功利。

▶▶ 活动 5

理解了名家对反思评价的定位，再结合不同等次的反思评价案例，你是不是对反思评价对改进教学的意义有了更深的理解呢？请你根据自己的实际教学情况，选择教学中的一个案例进行反思评价，并对反思评价的结果进行理论提升，对自己的教学提出系统的改革方案。

五、考核与反思

（一）达标考核

（1）为什么教学反思是教师成长的重要途径？

（2）《检核标准》对此提出的三个等级的具体要求是什么？

（二）反思角度

参看《检核标准》的要求和专家解读"反思评价对改进教学"的意义，依据自己的教学实践，写一份能够达到"良好"以上等级的教学反思，学员互评，共同分享。

附录　北京市朝阳区教师教学基本能力检核标准

（试行稿）

2009 年 3 月 30 日

《北京市朝阳区教师教学基本能力检核标准》

维度	关键表现领域	能力要点	合　格	良　好	优　秀
教学设计能力	一、教学背景分析能力	（一）正确理解教材内容	能够分析教材所涉及的基本内容，并梳理出单元知识结构框架	能够准确描述知识的纵向与横向联系，并能将知识置于某一个知识或能力框架内进行解读	能够深入挖掘本单元知识在学生发展中的教育价值
		（二）实证分析学生情况	能够关注学生的学习基础，并分析出学生在新知识形成过程中可能遇到的困难	能够对学生的学习基础进行调研，并根据调研资料和数据分析出在新知识学习过程中可能遇到的认知困难	能够根据调研资料和数据，对学生在新知识形成过程中可能遇到的认知和情感上的困难进行理性分析
		（三）科学确定教学内容	能够根据课标要求和教材内容，确定教学重点与难点	能够根据课标要求、教材内容和学生的学习基础，确定教学重点与难点	能够根据课标要求、教材内容和学生的学习基础，整合教学内容
	二、教学目标制定能力	（四）清晰确定课时目标	能够依据教学内容和学生情况确定符合课标要求的教学目标	能够依据教材分析和学情分析确定符合课标要求的教学目标	能够依据教材分析和学情分析以及二者之间的密切联系确定符合课标要求的教学目标
		（五）科学表述三维目标	能够正确选择行为动词表述三维目标，逻辑严谨	能够恰当表述具有可操作性的三维目标	能够将三维目标进行有机整合，使其具有可测评性
	三、教学过程设计能力	（六）合理安排教学流程	能够安排符合知识逻辑的教学流程，教学重点突出，对时间安排有预设	能够安排兼顾知识逻辑和学生认知逻辑的教学流程，对时间安排的预设合理	能够安排具有开放性和生成空间的教学流程
		（七）有效设计教学活动	能够围绕教学目标设计教学活动，并能设计对教学活动完成情况的检测方案	能够围绕教学目标设计具有连贯性的教学活动，并能有针对性地设计对教学活动完成情况的检测方案	能够设计激发学生思维和情感的教学活动，并能对课堂可能生成的问题设计预案
		（八）灵活选择教学策略	能够根据教学目标和内容进行板书、提问、媒体演示和评价等教学手段的设计	能够根据教学目标和内容，利用小组合作等学习方式突出教学重点、突破教学难点	能够根据教学目标和内容，设计教学策略并灵活运用各种教学手段

《北京市朝阳区教师教学基本能力检核标准》

维度	关键表现领域	能力要点	合格	良好	优秀
教学实施能力	一、激发动机能力	（一）营造良好学习环境	能够营造整洁有序的教学环境，并以稳定的情绪和良好的状态进行教学	能够以稳妥的方式处理课堂中的突发事件	能够将课堂突发事件转化为教育契机
		（二）有效激发学习动机	能够运用教学技能呈现设计的教学活动，并吸引学生的注意力	能够根据课堂情况呈现设计的教学活动，并能激发学生的学习兴趣	能够灵活根据课堂情况呈现设计的教学活动，有效激发学生持久的学习动机
	二、信息传递能力	（三）教学语言精练生动	教学语言表达清楚，语速、音量适中，并能用体语加强信息传递效果	能够正确运用学科术语，教学语言准确、简练	教学语言生动形象，富有感染力
		（四）板书运用熟练巧妙	板书字体端正、大小适中，有一定书写速度	板书设计有整体性，突出重难点和知识间的联系，逻辑层次清晰	板书能够使学生有美的感受，并伴随课堂教学进程有生成性
		（五）教学媒体运用恰当	能够根据教学目标和内容选择运用教学媒体	能够根据教学目标和内容合理选择并恰当运用教学媒体	能够根据教学目标和内容合理改进并综合运用教学媒体
	三、提问追问能力	（六）恰当提问有效追问	能够根据教学设计适时进行课堂提问，问题本身和表述能让学生理解，减少自问自答、是非问答、集体回答等情况	能够根据学生情况选择恰当的对象进行提问，问题精当并有一定层次性，并能根据学生回答问题的情况进行灵活有效地追问	能够根据课堂上变化的学情及时调整提问内容和方式，重视培养学生的问题意识
	四、多向互动能力	（七）教学组织方式有效	能够根据学习需要和特定学情，组织同位交流、小组合作、全班讨论等活动	组织活动时能够掌握恰当分组、有效分工、控制时间等技能	能够调动每个学生参与活动的积极性，并对活动过程中出现的问题进行恰当处理
		（八）认真倾听及时反应	能够倾听学生的想法，与学生互动；鼓励学生大胆发言，并引导学生认真倾听同学发言	能够在倾听过程中随时与发言者交流自己的理解，促进师生互动，并系统地指导同学倾听	能够把课堂发言的评价权交给全班学生并进行适当指导，有效促进生生的真正互动

《北京市朝阳区教师教学基本能力检核标准》

维度	关键表现领域	能力要点	合格	良好	优秀
教学实施能力	五、及时强化能力	（九）强化重点突破难点	能够运用重复、语言变化、板书强化教学重点	能够运用媒体、提问、体态语等多种方式，强化教学重点，突破教学难点	能够选择恰当时机，灵活运用多种手段，进行有效强化
		（十）强化学生积极表现	能够关注学生积极表现，并给予肯定	能够根据学生特点对其积极表现进行鼓励	能够通过对学生个体积极表现的强化，感染全体学生
	六、课堂调控能力	（十一）合理调控时间节奏	能够控制课堂时间和教学节奏	能够监控学生的状态对课堂时间和教学节奏进行调整	能够根据课堂上不可预知的学情，灵活调整教学设计时各环节的时间分配，并对教学内容做出取舍
		（十二）准确把握内容走向	能够按照教学设计的思路，控制课堂教学的走向	能够根据教学反馈的信息，对教学内容和进程进行调整	能够准确把握教学设计的思路，灵活处理课堂生成性问题，控制课堂教学的走向
	七、学习指导能力	（十三）关注个体分层指导	能够观察各类典型学生的反应，对边缘学生予以特别关注，并能适时对学生进行个别指导	能够了解不同学生的个性特点、学习风格和学习态度，对沉默和边缘的学生进行情感和智力支持	能够通过不同的教学方式照顾不同学生的学习基础、个性特点和学习风格，并能布置有一定层级的学习任务
		（十四）指导学法培养思维	能够在教学中渗透学习方法，培养学习习惯	能够根据教学内容指导学生的学习方法和思维方法	能够根据学科特点有效指导学生的学习方法和思维方法，提高学科素养

《北京市朝阳区教师教学基本能力检核标准》

维度	关键表现领域	能力要点	合格	良好	优秀
教学评价能力	一、学生学业评价能力	（一）掌握学业评价标准	能够结合具体的教学内容解释学业评价标准中各目标动词的含义，并能选择符合评价标准的课堂检测题	能够根据相关的学业评价标准和学生的学习情况编制用于教科书的测试卷	能够根据相应的学业评价标准独立编制学期综合测试卷，有对学生思维和情感变化的观测点和具体的观测方法
		（二）科学选择评价方法	能够根据教学内容和学生情况选择激励性的评价方法；能够选择不同难度的题目布置作业或练习	能够通过观察、追问等多种方式进行学生的学习过程评价；能够选择和编制不同难度的题目并设计不同的作业完成方式	能够从知识、思维、情感等各个方面系统评价学生的学习状况；能够确定多元化的评价主体和选择多样性的评价方式
		（三）有效利用评价结果	能够选择恰当的方法及时解决课堂练习和作业中出现的问题；能够针对学生的知识漏洞及时对学生进行个别辅导	能够根据课堂练习和作业中出现的问题调整教学进度和教学方法；能够根据学生需求为不同学生提供不同的学业指导。	能够根据学生的情绪、情感、思维状态及时调整教学进度与策略；能够根据评价结果为学生提供具有挑战性的学习任务
	二、教学效果评价能力	（四）掌握教学评价标准	能够了解课堂评价标准的具体内容，并能结合实例进行解释	能够确定教科书呈现的自然单元教学效果评价标准。	能够确定学生某种能力发展单元的教学效果评价标准
		（五）科学运用评价方式	能够有理有据地对自己或他人的教学进行评价	能够分析教师行为与学生表现之间的因果关系	能够实现评价主体的多元化和评价方式的多样性，找出导致教学成功与失败的根本原因
		（六）反思评价改进教学	能够积累反思材料，并根据自己的反思和他人的评价改进教学	能够将自己的评价意见与他人进行有效交流，并对他人提出教学改进建议	能够对分析结果进行理论提升，并对教学提出系统的改进方案

备注：良好层次的要求包含合格层次的要求；优秀层次的要求包含良好层次的要求。

参 考 文 献

［1］［美］罗兰巴特. 罗兰巴特文选［M］. 屠友祥，译. 上海：上海人民出版社，2011.

［2］［意］卡尔维诺. 为什么读经典［M］. 黄灿然，译. 北京：译林出版社，2012.

［3］孙绍振. 文学文本解读学［M］. 北京：北京大学出版社，2015.

［4］［美］卡尔维诺. 美国讲稿［M］. 萧天佑，译. 南京：译林出版社，2012.

［5］王荣生. 语文教学内容的重构［M］. 上海：上海教育出版社，2007.

［6］季萍. 教什么知识［M］. 北京：教育科学出版社，2009.

［7］申丹. 叙事、文体与潜文本［M］. 北京：北京大学出版社，2009.

［8］詹丹. 语文教学的批评与反批评［M］. 北京：商务印书馆，2012.

［9］申丹，王丽亚. 西方叙事学：经典与后经典［M］. 北京：北京大学出版社，2010.

［10］赵伶俐. 课堂教学技术与艺术［M］. 重庆：西南师范大学出版社，2013.

［11］李亦菲. 新课程三维目标教学操作丛书［M］. 北京：北京师范大学出版社，2010.

［12］邹贤敏. 中学语文素质教育名家丛书［M］. 武汉：湖北教育出版社，2001.

［13］于漪. 追求综合效应［M］. 武汉：湖北教育出版社，2001.

［14］钱梦龙. 导读的艺术［M］. 北京：北京师范大学出版社，2006.

［15］宁鸿彬. 走"思维训练"之路［M］. 武汉：湖北教育出版社，2001.

［16］蔡澄清. 点拨教学法［M］. 武汉：湖北教育出版社，2001.

［17］欧阳代娜. 呼唤"整体改革"［M］. 武汉：湖北教育出版社，2001.

［18］洪宗礼. 语文教育之"链"［M］. 武汉：湖北教育出版社，2001.

［19］洪镇涛. 打开"学习语言"的大门［M］. 武汉：湖北教育出版社，2001.

［20］张富. "跳摘"教学模式［M］. 武汉：湖北教育出版社，2001.

［21］李晓文，王莹. 教学策略［M］. 北京：高等教育出版社，2014.

［22］韩立福. 新课程有效课堂教学行动策略［M］. 北京：首都师范大学出版社，2012.

［23］黎奇新. 课程背景下的有效课堂教学策略［M］. 北京：首都师范大学出版社，2006.

［24］余文森. 有效教学十讲［M］. 上海：华东师范大学出版社，2009.

［25］高慎英，刘良华. 有效教学论［M］. 广东：广东教育出版社，2004.

［26］［美］鲍里奇. 有效教学方法［M］. 南京：江苏教育出版社，2014.

［27］刘玉静，高艳. 合作学习教学策略［M］. 北京：北京师范大学出版社，2011.

［28］［苏］苏霍姆林斯基. 给教师的建议［M］. 杜殿坤，译. 北京：教育科学出版社，2016.

［29］朱永新. 教育的奇迹［M］. 上海：上海教育出版社，2009.

［30］［法］吉诺特. 老师怎样和学生说话［M］冯杨，周呈奇，译，海南:海南出版社，2005.

［31］宁鸿彬. 走"思维训练"之路［M］. 武汉：湖北教育出版社，2001.

［32］王荣生，王荣生教授评课［M］. 上海：华东师范大学出版社，2007.

［33］李卫东. 二十年后，叩问语文之道［M］. 北京：教育科学出版社，2015.

［34］徐英俊. 基础教育新概念丛书：教学设计［M］. 北京：教育科学出版社，2009.

［35］王君. 王君讲语文［M］.北京：语文出版社，2008.

［36］吴刚平. 课程资源的开发与利用［J］.全球教育展望，2008（7）.

［37］徐继存，段兆兵，陈琼. 论课程资源及其开发与利用［J］.学科教育，2008（7）.

［38］范蔚. 实施综合实践活动对课程资源的开发利用［J］.教育科学研究，2009（5）.

［39］教育部基础教育司教育部师范教育司. 课程资源的开发与利用［M］. 北京：高等教育出版社，2010.

［40］赵丽敏. 论教学过程中的教材开发［J］.中国教育学刊，2003（7）.

［41］魏国良. 语文课程资源的开发与利用［J］.语文教学通讯，2011.

［42］叶澜.让课程焕发出生命活力——论中小学教学改革的深化［J］.教育研究，1997（9）.

［43］卫建国，张海珠. 课堂教学技能理论与实践［M］.北京：北京师范大学出版社，2008.

［44］孟宪凯. 教学技能有效训练［M］.北京：北京师范大学出版社，2007.

［45］王秋海. 数学课堂教学技能训练［M］.上海：华东师范大学出版社，2008.

［46］刘继魁. 巧用提问，激活语文课堂教学［J］.四川教育学院学报，2005（2）.

［47］北京市教委.北京市中小学语文学科教学改进意见［J］.北京教育，2014（11）.

［48］［美］托马斯·福斯特. 如何阅读一本小说［M］. 海南：南海出版公司，2015.

［49］王荣生. 阅读教学教什么［M］. 上海：华东师范大学出版社，2014.

［50］王荣生. 小说教学教什么［M］. 上海：华东师范大学出版社，2014.

［51］王荣生．散文教学教什么［M］．上海：华东师范大学出版社，2014.

［52］王荣生．文言文教学教什么［M］．上海：华东师范大学出版社，2014.

［53］刘俐俐．中国现代经典短篇小说文本分析［M］．北京：北京大学出版社，2006.

［54］刘俐俐．外国经典短篇小说文本分析［M］．北京：北京大学出版社，2004.

［55］刘文霞．个性教育论［M］．呼和浩特：内蒙古大学出版社，1997.

［56］邓志伟．个性化教学论［M］．上海：上海外语教育出版社，2000.

［57］［瑞士］皮亚杰、皮亚杰教育论著选［M］．卢睿选，译．北京：人民教育出版社，1990.

［58］崔相录．中小学多样化、特色化大趋势［M］．北京：教育科学出版社，1998.

［59］［苏］巴班斯基．论教育过程最优化［M］．吴文侃,等,译．北京:教育科学出版社，2001.

［60］倪文锦，欧阳汝颖．语文教育展望［M］．上海：华东师范大学出版社，2002.

［61］孟万金．优质高效——因材施教的教育追求［M］．上海：华东师范大学出版社，2004.

［62］简焕镇，戴明生．归级交叉分层次教学模式概论［M］．天津：天津教育出版社，2004.

［63］［英］蒂姆奥·布莱恩，丹尼斯·吉内．因材施教的艺术［M］．陈立，译，北京：北京师范大学出版社，2006.

［64］刘淼．当代语文教育学［M］．北京：北京出版社．2005.

［65］王秀英．如何看待和利用"评价结果"的讨论［J］．北京：北京教育（普教版），2004.

［66］祝新华．促进学习的阅读评估［M］．北京：人民教育出版社，2015.

［67］祝新华．促进学习的语文评估：基本理念与策略［M］．北京：人民教育出版社，2015.

［68］［日］田中耕治，松下佳代，三藤麻美，西冈加名惠．学习评价的挑战：表现性评价在学校中的应用［M］．上海：华东师范大学出版社，2015.

［69］薛晓嫘．新课程语文阅读学业成就评价［M］．重庆：重庆大学出版社，2008.

［70］王荣生．王荣生教授评课［M］．上海：华东师范大学出版社，2007.

［71］吴欣歆．十年了，停下来思考［M］．北京：教育科学出版社，2015.

［72］黄厚江．语文课堂教学诊断［M］．南京：江苏教育出版社，2011.

［73］魏本亚．十位名师教《老王》［M］．上海：上海教育出版社，2013.

［74］朱则光．永不停止的追问［M］．济南：山东教育出版社，2010.

［75］李卫东．二十年后，叩问语文之道［M］．北京：教育科学出版社，2015.